1,000,000 Books
are available to read at

www.ForgottenBooks.com

Read online
Download PDF
Purchase in print

ISBN 978-0-484-95737-3
PIBN 10344418

This book is a reproduction of an important historical work. Forgotten Books uses state-of-the-art technology to digitally reconstruct the work, preserving the original format whilst repairing imperfections present in the aged copy. In rare cases, an imperfection in the original, such as a blemish or missing page, may be replicated in our edition. We do, however, repair the vast majority of imperfections successfully; any imperfections that remain are intentionally left to preserve the state of such historical works.

Forgotten Books is a registered trademark of FB &c Ltd.
Copyright © 2018 FB &c Ltd.
FB &c Ltd, Dalton House, 60 Windsor Avenue, London, SW19 2RR.
Company number 08720141. Registered in England and Wales.

For support please visit www.forgottenbooks.com

1 MONTH OF FREE READING

at

www.ForgottenBooks.com

By purchasing this book you are eligible for one month membership to ForgottenBooks.com, giving you unlimited access to our entire collection of over 1,000,000 titles via our web site and mobile apps.

To claim your free month visit: www.forgottenbooks.com/free344418

* Offer is valid for 45 days from date of purchase. Terms and conditions apply.

English
Français
Deutsche
Italiano
Español
Português

www.forgottenbooks.com

Mythology Photography **Fiction**
Fishing Christianity **Art** Cooking
Essays Buddhism Freemasonry
Medicine **Biology** Music **Ancient Egypt** Evolution Carpentry Physics
Dance Geology **Mathematics** Fitness
Shakespeare **Folklore** Yoga Marketing
Confidence Immortality Biographies
Poetry **Psychology** Witchcraft
Electronics Chemistry History **Law**
Accounting **Philosophy** Anthropology
Alchemy Drama Quantum Mechanics
Atheism Sexual Health **Ancient History**
Entrepreneurship Languages Sport
Paleontology Needlework Islam
Metaphysics Investment Archaeology
Parenting Statistics Criminology
Motivational

**Library
of the
University of Wisconsin**

ETHIK

I
DIE ALLGEMEINE ETHIK

VON

K. KROMAN
PROFESSOR ORD: DER PHILOSOPHIE AN DER
UNIVERSITAT KOPENHAGEN

INS DEUTSCHE ÜBERSETZT

VON

F. BENDIXEN

———·—✳—·———

LEIPZIG

O. R. REISLAND.

KOPENHAGEN

J. FRIMODTS VERLAG.

1904

Druck von J. Jørgensen & Co. (M. A. Hannover)

INHALT.

		Seite
I.	Eine sonderbare Tatsache.	1
II.	Das ethische Gebot verschieden von dem sozialen und dem religiösen.	3
III.	Die Wichtigkeit einer Untersuchung der Vorstellungen von dem Ethischen.	9
IV.	Scheinbare Unmöglichkeit einer allgemeinen wissenschaftlichen Ethik	13
V.	Mehrere Schwierigkeiten. Subjektivität des Gefühls . . .	19
VI.	Die Forderung der Gesellschaft und das Ethische	32
VII.	Ursprung der ethischen Forderung aus dem zentralen Wesen des Menschen.	53
VIII.	Nähere Bestimmungen. Widerlegte Einwürfe	75
IX.	Das Willensproblem	103
X.	Resultate	138

Unter den vielen Sonderbarkeiten, die man im Dasein findet, gibt es wohl keine, die sich mit Recht derjenigen an die Seite stellen liesse, dass der menschliche Geist im Laufe der Zeiten den Begriff »des Ethischen« gebildet hat.

Ein Begriff im streng wissenschaftlichen Sinne, d. h. ein wohlabgegrenzter Vorstellungsinhalt, ist dieser doch selbstverständlich nicht. Vielmehr ist er eine vag abgegrenzte Sammlung von Vorstellungen und Gedanken, die teils deutlicher, teils nebelhafter sind, die mit Zeit und Ort, ja von Individuum auf Individuum variieren. Gewisse gemeinschaftliche Züge scheinen aber doch in den allermeisten Fällen immer wieder zum Vorschein zu kommen.

So denkt das allgemeine Bewusstsein sich »das Ethische« als eine Art rätselhafter Gewalt, die sich dem Menschen gegenüberstellen und sagen kann: Du sollst! oder Du musst!, ganz als ob der Mensch das Vermögen besässe, im einzelnen gegebenen Falle sowohl das eine als das andere tun zu können. Dieses »Du sollst« oder »Du musst« erfordert ein Wollen, ein Handeln, ein Betragen in Übereinstimmung mit einem gewissen Gesetze,

… das Sonder… über das In… allgemein, d. h. … vor Augen han… Menschen… vermindern … wie dich … um alle be… Gebot an alle. … noch die … der Rechtschaffene … Sogar die … sein Gebot er… mit dem Gesetze überein… das ethische Betragen, … rechte, sofern ich dies … dem rechten Weg nach … beim Schleifen eines Messers … schlechthin das rechte Betragen, … hypothetisch. Demgemäss heisst … das Gesetz befolgen, sollst deine Pflicht … um das Gesetzes, der Pflicht oder … tun. Das trägt seinen Lohn in …

… Sonderbarkeiten kommt noch, dass das …ches« wirklich im Besitze gewisser … zu sein scheint, durch die es über das Gemüt des Menschen Gewalt ausübt. Letzteres hat Mitgefühl mit dem Unglücklichen, bedauert den Unbegabten, nennt aber denjenigen einen Unwürdigen, der dem ethischen Gesetze zuwider handelt; es bewundert den Begabten, huldigt dem Mächtigen, ehrt und achtet aber denjenigen, der das Gesetz befolgt. Sogar der Spötter, der sich über »dergleichen Phantastereien« weit erhaben glaubt, kann zuweilen zu seiner eignen Überraschung gleichsam geistig in die Kniee sinken, wenn er Zeuge einer echt hochsinnigen Handlung wird.

II.

Der Mensch kennt andere ähnliche Mächte des Daseins oder hat sich die Vorstellung von solchen gebildet, die mit »dem Ethischen« nicht verwechselt werden dürfen.

In scheinbarem Widerspruch mit letzterem steht **der unmittelbare Selbstbehauptungstrieb**, der deshalb mitunter auch als unethisch betrachtet und **Egoismus** genannt wird. Wieviel Richtiges oder Falsches in dieser Auffassung liegt, werden wir später untersuchen. Von einer Verwechselung wird hier daher aber wohl nicht die Rede sein können.

Dagegen ist die ethische Gewalt oft für eins mit der sozialen Gewalt, mit der **Gewalt der Gesellschaft** erklärt worden. Ebenso wie die ethische Gewalt sagt ja die Gesellschaft zum Individuum: Du sollst!, und ebenso wie die ethische Gewalt hat sie ihre Gewaltmassregeln, mittels deren sie sich Gehorsam zu verschaffen sucht.

Das gewöhnliche Bewusstsein stellt hier indes eine scharfe Sonderung an: die Gewalt der Gesellschaft kommt von aussenher zu mir; das Gebot der Gesellschaft ist ein äusseres Gebot. Die ethische Gewalt dagegen befindet sich in mir, ist ein Teil oder eine Seite meines eignen Wesens: meine Vernunft, mein Gewissen oder was es nun sein mag. Ethisch betrachtet bin ich deshalb der Redende und der Angeredete zugleich. Dieser Umstand bewirkt, dass das ethische Gebot ein von dem sozialen weit verschiedenes ist. Trifft ein soziales Gebot vollständig mit einem Gebote der ethischen Gewalt in meinem Inneren zusammen, so mag ich dasselbe wegen dieses Zusammentreffens gern ausschliesslich ein ethisches Gebot nennen. Niemand wird aber ein soziales, jener inneren Gewalt widerstreitendes Gebot ein ethisches nennen

Das gewöhnliche Bewusstsein unterscheidet tatsächlich also zwischen »dem Ethischen« und der sozialen Gewalt. Mit wie geringem oder grossem Rechte dies geschieht, werden wir später untersuchen.

Endlich gibt es drittens die religiöse Gewalt. Die meisten Menschen haben in ihrem Bewusstsein eine mehr oder weniger entwickelte Vorstellung von einer wissenden und wollenden Quelle des Daseins, von einer Gottheit, die sich für das Treiben des Menschen interessiert und ihm vielleicht sogar direkt Gebote und Verbote gegeben hat. Auch diese Gewalt ist aber nach dem gewöhnlichen Bewusstsein von der ethischen verschieden.

Ursprünglich erhält der Mensch seine Religion ja auf rein »geographische«, äussere Weise: in Dänemark die dänische, in der Türkei die türkische u. s. w. Man teilt dem Kinde einen Inbegriff der wesentlichsten Annahmen mit und umgibt diese mit einem Gehege aus starken und warmen Gefühlen, wie man denn auch die Vorstellung von dem Aufgeben jeder einzelnen dieser Annahmen möglichst unlustbetont macht. Dem fortdauernd Unmündigen wird dieser Standpunkt gewöhnlich genügen. Anders ergeht es aber der geistig selbständigen, ernsten und gewissenhaften Natur. Jeder solchen erscheint früher oder später ein Zeitpunkt, wo sie es als ungenügend fühlt, auf diese Weise nur von den Eindrücken aus der Kindheit zu leben. Der Mensch fühlt, dass er jetzt selbst die Verantwortlichkeit dafür übernehmen muss, was er glauben und meinen will, und er stellt nun seine früheren Annahmen ethisch vors Gericht, indem er fragt: Vermag ich, ethisch betrachtet, an diesen Annahmen festzuhalten, oder muss ich sie gegen andere umtauschen? Denn ein Mohammedaner sein, nur weil ich in Konstantinopel geboren und erzogen wurde, oder ein Christ sein, nur weil ich in Kopenhagen geboren und erzogen wurde, das will ich doch nicht.

Dieser Umstand: dass der Gewissenhafte auf diese Weise selbst seine Religion ethisch übernimmt, zeigt aber nicht nur, dass das Ethische ein von dem Religiösen Verschiedenes ist, sondern auch zugleich, dass ersteres, dem Wesen nach betrachtet, sowohl ursprünglicher als absoluter als letzteres ist. Das Verhältnis des Ethischen zum Religiösen ist in mehreren Beziehungen dem Verhältnisse des Ethischen zum Sozialen ähnlich. Das ethische Gebot kommt zuguterletzt aus dem Inneren; das religiöse oder genauer gesagt: das positiv-religiöse kommt ebenso wie das soziale aus dem Äusseren, aus dem Fremden, und muss deshalb erst ethisch genehmigt werden, bevor es für das Subjekt seine Bedeutung erhalten kann.

Dass diese Auffassung in der Tat diejenige ist, der man bewusst oder unbewusst allgemein huldigt, werde ich noch ein wenig näher nachweisen.

Als *Luther* vor dem Reichstage zu Worms erschien und erklärte, er sei nicht im stande zu widerrufen, da er es nicht geraten finde, etwas wider das Gewissen zu tun, unterwarf er also die verschiedenen religiösen

Lehren, um die sich der Streit handelte, einer ethischen Schätzung und verwarf sie trotz des Papstes, trotz der Kirche und trotz aller religiösen Überlieferung, weil das ethische Urteil ungünstig für sie ausfiel.

Bekannt ist *Holbergs* Äusserung über sich selbst, er sei ein ehrbarer und friedliebender Mann, der sich in allem Übrigen gern nach den Vorschriften der Geistlichen richten möchte. Nur wenn sie verlangten, er solle etwas Unethisches von der Gottheit glauben, wie z. B. dass einige Menschen zur Seligkeit, andere zur Verdammnis prädestiniert seien, würde er »sich starr machen« und aus Leibeskräften protestieren.

Als *Dickens* die Sklaverei in Amerika in grösserer Nähe betrachtete und Ärgernis daran nahm, verwies man an die Bibel und hob hervor, diese befürworte indirekt die Sklaverei. *Dickens* erwiderte hierauf, er würde jedes Blatt der Bibel, das dies tue, herausreissen und nicht mehr zu seiner Bibel rechnen.

Eine ähnliche Antwort gab *Hostrup*[1], als man in einer Versammlung in Kopenhagen, welche die Gleichberechtigung der Frau und des Mannes diskutierte, hervorhob, das Neue Testament erkläre ausdrücklich, der Mann sei das Haupt des Weibes. *Hostrup* bemerkte hierzu, wo im Testamente dergleichen unethische Behauptungen vorkämen, sei anzunehmen, dass der betreffende Autor oder Redner jüdische soziale Verhältnisse, nicht aber allgemeinverpflichtende religiöse Wahrheiten ins Auge gefasst habe.

Wohlbekannt sind endlich *Stuart Mills* berühmte Worte, nie werde ihn jemand bewegen, einem Wesen zu

---

[1] Ein bekannter dänischer Schriftsteller und Prediger.

huldigen, das nicht sei, was er mit seinen menschlichen Fähigkeiten gut und edel nennen müsse, und gebe es ein solches Wesen und könne dieses ihn wegen Ungehorsams zur Hölle verdammen, so werde er zur Hölle gehen.

Hier haben wir nun übereinstimmende Äusserungen aus weit verschiedenen Lagern. Dass nun auch eben die religiösen Theorien in der Tat durchweg der geschilderten Auffassung huldigen, lässt sich ebenfalls leicht nachweisen. Jede der positiven Religionen enthält ja Lehrsätze, die von vielen Menschen als unethisch aufgefasst werden. Viele Nicht-Christen werden z. B. die christliche Versöhnungslehre unethisch nennen, und soviel möchte wohl festgestellt sein, dass diese, zu Zeiten wenigstens, entschieden unethische Formen angenommen hat. Ein Anhänger der Lehre könnte hier nun verschiedene Standpunkte einnehmen. Er könnte sagen: Allerdings ist dieselbe unethisch; das Ethische ist aber auch nicht das Höchste. Das Religiöse steht noch höher und vermag deshalb das Unethische zu ertragen. Oder auch könnte er sagen: Allerdings erscheint dieselbe der Vernunft als unethisch; »man soll aber die Vernunft im Gehorsam des Glaubens gefangen nehmen.«

Keiner dieser Auswege ist indes der übliche. Das Gewöhnliche ist, dass der Gläubige sowohl seine Religion als auch jede der einzelnen Lehren derselben auch in den Augen der Vernunft ethisch wünscht. Die Theologie erhält deshalb die Aufgabe, jede dieser Lehren derartig auszugestalten, dass sie die ethische Prüfung zu bestehen im stande wird. Dies drückt aber ja nur auf andere Weise aus, dass man bewusst oder unbewusst das Ethische zum wahren höchsten Gericht macht, zu der Goldwage, in der auch die religiösen Anschauungen zu wägen sind.

Es gibt, meines Wissens, nur einen einzigen entschiedenen Protest gegen diese sonst so gewöhnliche Auffassung. *S. Kierkegaard* äusserte bekanntlich in seiner Abhandlung »Furcht und Zittern« die Ansicht, das Christentum sei keine ethische Lehre, Abraham, das Muster der Gläubigen, sei »ethisch betrachtet ein Mörder«, und überhaupt könne man nur, wenn man »den Verstand kreuzige« und aus unendlicher Leidenschaft das Christentum erwählen. Eben weil es so schwer sei, den Glauben zu erfassen, sei dies ihm aber eine anziehende und würdige Aufgabe.

Es hat ihm indes, soweit mir bekannt, an diesem Punkte niemand beigestimmt, und es geht denn auch deutlich genug hervor, dass hier sich das überspannte Gefühl einer kranken Seele in phantastischer Rede Luft verschafft hat. Wie ich es überhaupt sollte logisch oder ethisch verantworten können, eine unethische Religion zu erwählen, das zu erklären hat er rein vergessen. Dass diese mir zufälligerweise vorher »geographisch« (um seinen eignen späteren Ausdruck zu gebrauchen) gegeben ist, enthält doch keine Entschuldigung, und soll das Versöhnende in der ungeheuren Schwierigkeit liegen, so ist es ein Widerspruch, dass er nicht lieber z. B. die mohammedanische Religion erwählt, die ihm doch gewiss in weit höherem Grade als das Christentum als Abstand von dem Ethischen und Kreuzigung des Verstandes und der Vernunft fordernd erschien.

Es scheint mithin festgestellt zu sein, dass das gewöhnliche Bewusstsein im »Ethischen« eine eigentümliche, ursprüngliche und absolute Gewalt erblickt, die sich sowohl von der sozialen als der religiösen Gewalt unterscheidet, die im Gegensatz zu letzteren eine Gewalt i n n e rh a l b des Menschen ist und eine Gewalt, der sowohl das soziale Gebot als auch das religiöse Gebot nebst allen religiösen Annahmen Rechenschaft abzulegen hat.

III.

Eine streng wissenschaftliche Untersuchung all dieser »ethischen« Vorstellungen und Erscheinungen muss für die Menschheit offenbar von allergrösstem Interesse sein. Schon die Beschaffung eines geordneten Überblicks über die allgemein herrschenden ethischen Vorstellungen würde ihre grosse Bedeutung haben; denn wie wir bereits sahen, steht das Menschenleben zum Teil unter der Herrschaft dieser Vorstellungen und der mit denselben verknüpften Gefühle.

Noch weit grössere Bedeutung würde es selbstverständlich aber haben, könnten wir eine zuverlässige und entscheidende Beantwortung der Frage erhalten: Welchen bleibenden Wert haben alle diese Vorstellungen? Welchen logischen Zusammenhang gibt es zwischen dem Menschenwesen und diesen Vorstellungen? Der menschliche Geist hat ja im Laufe der Zeiten so gar manche unrichtige Anschauung erzeugt, die dennoch eine gewisse Gewalt über die Gemüter errang und zum Heil oder Unheil das Ruder führte, bis ihre Falschheit entdeckt wurde und sie ihren Einfluss langsam wieder verlor. Gehören die ethischen Vorstellungen zu dieser Klasse? Sind sie falsche Vorstellungen, die leider gar zu lange eine ganz sinnlose Herrschaft über die Menschen geübt haben? Oder entspringen sie mit logischer Notwendigkeit eben aus dem

Wesen und den Verhältnissen des Menschen, so dass sie stets wieder von neuem erzeugt werden, wie oft man es auch in kurzsichtiger Oberflächlichkeit und Ungeduld versuchen möchte, sie zu Boden zu schlagen?

Zwei Dinge — sagt *Kant* — erfüllen das Gemüt mit immer neuer und zunehmender Bewunderung und Ehrfurcht, je öfter und anhaltender sich das Nachdenken damit beschäftigt: der bestirnte Himmel über mir und das moralische Gesetz in mir.

Dies ist gewiss richtig, und seit Anfang der Zeiten hat man denn auch die grösste Sorgfalt und die unermüdlichste Energie aufgeboten, um ein immer tieferes Verständnis dieser Erscheinungen zu gewinnen. Der Erfolg war aber nicht auf beiden Seiten der gleiche. Auf langen und beschwerlichen Bahnen, auf Wegen, die sich bald aus- bald einschlängelten, durch Irrtümer und Selbstwidersprüche hindurch hat die Astronomie sich zum Licht und zur Klarheit emporgearbeitet, zu solcher Allgemeinheit und Sicherheit, dass wir gar keine astronomischen Systeme mehr kennen, weder positive noch negative, weder gläubige noch ungläubige, sondern nur die eine allgemeine und allgemeingültige, wissenschaftliche Astronomie. Es wird niemand mehr die durchgeführte Ordnung des Universums bestreiten; es wird niemand wieder das feste, massive Himmelsgewölbe einführen wollen. Alles Wesentliche hat seine vollständige Entscheidung gefunden. Die wissenschaftliche Astronomie hat nachzuweisen vermocht, wie man von einer verhältnismässig kleinen Anzahl unbestreitbarer Beobachtungsresultate mit logischer Notwendigkeit bewogen wird, sich eine nach der anderen der grossen umfassenden und weittragenden Ansichten zu gestalten, welche den Inhalt dieser Wissenschaft bilden.

Ganz anders unfertig sieht es aber auf dem anderen Gebiete aus. Hier kämpft noch System gegen System. Bald spricht man den ethischen Vorstellungen allen wirklichen Sinn und alle Berechtigung ab, bald stellt man Theorien auf, welche die üblichen Grundanschauungen zum Teil bestreiten, zum Teil gutheissen, bald endlich stimmt man diesen in allem Wesentlichen und Entscheidenden bei. Die Methode ist indes fast immer ein willkürliches Gemisch objektiven strengen Denkens und subjektiven Meinens und Behauptens, und das Interesse scheint fortwährend weit lebhafter in der Richtung vieler und erschöpfender »Resultate« als in der Richtung des sicheren und geordneten Fortschrittes zu gehen, bei welchem Fortschritte möglicherweise zahlreiche Fragen ungelöst bleiben würden und man der Sache vielleicht gar nicht auf den Grund gelangte.

Weshalb ist dem nun so? Ist es eine unvermeidliche Folge der verschiedenen Natur der beiden Gegenstände? Das scheint nicht unmittelbar einzuleuchten. Hat das Philosophieren der Vergangenheit vielleicht eine so starke Gewohnheit erzeugt, das Denken mit dem Phantasieren dreist zusammenzumischen, dass es schwierig fällt, diese Gewohnheit auf einen Schlag ganz und gar abzulegen? Oder wäre der Mensch etwa gar nicht im stande, auf dem mehr verwickelten geistigen Gebiete an sich selbst eine scharfe Unterscheidung des Denkens und des Phantasierens durchzuführen? Ich lasse die Beantwortung dieser Fragen dahingestellt bleiben und schreite in meinen Untersuchungen weiter, indem ich mich damit tröste, dass es jedenfalls mehr befriedigend ist, auch selbst Schiffbruch zu leiden, als aus Furcht vor dieser Möglichkeit, schon bevor die Segel beigesetzt sind, eiligst das Land aufzusuchen.

Es würde, wie gesagt, von höchstem Interesse sein, eine wissenschaftliche Lehre von der Vorstellung des gewöhnlichen Bewusstseins vom »Ethischen« zu erhalten. Sollte man in dieser Vorstellung einen Widerspruch finden, so wäre sie ja als misslungenes Erzeugnis zu verwerfen, das jedenfalls erst nach einer Umgestaltung Bedeutung erhalten könnte. Sollte es sich erweisen, dass die üblichen ethischen Anschauungen ein mit sich selbst übereinstimmendes Ganzes wären, das jedoch in der Luft schwebte, ohne im Wesen des Menschen die notwendige Wurzel zu haben, so wären sie ja zur Kategorie der zufälligen Phantasieprodukte zu zählen und könnten dann höchstens ein geschichtliches Interesse erlangen.

Endlich ist aber auch die Möglichkeit vorhanden, dass sie sich als in allen wesentlichen Zügen völlig notwendige Konsequenzen des Bleibenden und Zentralen im Wesen des Menschen erwiesen. Alsdann würden sie ihre entscheidende Bedeutung erhalten, und es müsste eine wichtige Aufgabe der Wissenschaft werden, sie in dieser ihrer Notwendigkeit und Wahrheit darzustellen. Ganz so wie die Astronomie eine kurze, klare, geradlinige Ableitung der astronomischen Sätze aus gewissen einfachen Beobachtungsresultaten gibt, müsste eine Lehre von dem Ethischen dann eine kurze, klare, geradlinige Ableitung der ethischen Sätze aus den zu Grunde liegenden gegebenen Eigentümlichkeiten der Menschennatur zu geben suchen. Aus diesem Ursprunge derselben müssten dann ihre Wahrheit und Gültigkeit hervorgehen, wie es gleichzeitig vielleicht möglich werden würde, teils den ganzen umfassenden Begriff »des ethischen Gesetzes«, »des ethischen Betragens« scharf abzugrenzen, teils mehr oder weniger eingehend die mannigfaltigen speziellen Formen abzuleiten, in die sich derselbe verzweigen müsste, sobald er unter den mannigfaltigen wechselnden Umständen mit den verschiedenen Individuen in Beziehung käme.

Eine wissenschaftliche Lehre, welche diese Bedingungen erfüllte, würde den Namen **einer wissenschaftlichen Ethik** verdienen. Und unsere Hauptfrage ist nun die: Ist eine wissenschaftliche Ethik möglich?

IV.

Mancher möchte meinen, es sei eine leichte Sache, diese Frage mit einem wohlbegründeten Nein zu beantworten. Unter einer wissenschaftlichen Ethik wird hier nämlich ja eine Lehre verstanden, die wissenschaftlich nachzuweisen vermöchte, wie es für jedes einzelne menschliche Individuum ein Betragen gebe, das im Gegensatz zu allen anderen logisch als das ethische, das rechte, das einzige mit dem innersten, bleibenden Wesen des Individuums völlig übereinstimmende gestempelt werden könnte. Von allen diesen ethischen Betragen sollte sich nun ferner nachweisen lassen, dass sie zuguterletzt nur Äusserungen eines einzigen gemeinschaftlichen Gesetzes wären, das im Verein mit der jezeitig gegebenen Situation jedes derselben bestimmte.

Ist eine solche Gemeinschaftlichkeit, eine solche Einheit aber möglich? Muss man nicht vielmehr im Anschluss an Äusserungen von *H. Höffding* (in seiner »Ethik« und in seinen »Ethischen Untersuchungen«) sagen: die Ethik wird durch zwei Dinge bestimmt: durch die Grundlage und den Massstab, und die Grundlage bestimmt wiederum den Massstab? Oder mit anderen Worten: Die Ethik muss durch die spezielle

Natur des Menschen bestimmt werden; jeder Natureigentümlichkeit entspricht eine bestimmte Form des ethischen Gesetzes. Bin ich ein Bube, so lautet mein ethisches Gesetz: Du sollst recht viele Bubenstücke verüben! Bin ich menschenfreundlichen Gemüts, so heisst mein ethisches Gesetz: Du sollst menschenfreundlich handeln! Und so gibt es viele Ethiken. Die Menschen sind sich nicht gleich. Jede Sorte muss deshalb ihre Ethik erhalten und kann sich nicht der für eine andere Sorte gültigen Ethik unterwerfen.

Dies ist in gewissem Sinne völlig unangreifbar. Es ist augenscheinlich richtig, dass was mir **ethisches Gesetz** sein soll, aus meiner Natur entspringen, ein **inneres Gesetz** sein muss. Von aussenher kann ich religiöse, soziale, juristische Gebote erhalten, jedoch keine ethischen, es sei denn, dass der Begriff »des Ethischen« völlig verlassen würde. Der Gedankengang wird mithin nicht dadurch widerlegt, dass man sagt: »Die Gesellschaft wird den Buben schon zwingen, sich ein anderes ethisches Gesetz zu gestalten«, denn dazu ist die Gesellschaft den benutzten Voraussetzungen zufolge gar nicht im stande. Sie kann vielleicht den Buben bewegen, seine Bubenstücke **innerhalb** der polizeilichen Grenze zu halten. Tut er dies aber, so wird er es mit Unwillen tun, indem er sich selbst wegen dieser Nachgiebigkeit, dieser »ethischen Schwäche« gegen die Menschen mehr oder weniger verachtet. In soweit ist alles in Ordnung.

Insofern aber nicht wie z. B. bei *Kant* an viele andere Arten von Wesen als die Menschen gedacht wird, enthält die Theorie offenbar an einem anderen Punkte einen Fehler.

Es ist richtig, dass zwei Menschen, die sich völlig gleich wären, nicht zu finden sind. Richtig ist aber auch, dass es nicht zwei Menschen gibt, die völlig verschieden wären. Schon die Existenz der Psychologie beweist dies Alle die vielfachen Fähigkeiten und Kräfte, Tätigkeiten und Tendenzen, welche die Psychologie behandelt, müssen ja bei jedem Wesen zu finden sein, das mit Recht soll zum psychologischen Begriffe »Mensch« gezählt werden können. Nur die Zusammenstellung all dieser Elemente und der Reichtum, womit jedes einzelne auftritt, können verschieden sein, wie auch das Mischungsverhältnis gewöhnlich von Tag zu Tage wechseln wird. Ein Mensch, der nur Bube oder nur Menschenfreund wäre, ist daher, streng genommen, gar nicht zu finden. Selbst der ärgste Bube muss einen, wenn auch noch so mikroskopischen Zug der Menschenliebe oder deren Möglichkeit in sich haben, und selbst im grössten Menschenfreunde muss ein wenn auch noch so mikroskopischer Zug des Bubenhaften oder dessen Möglichkeit liegen. Kein Mensch ist schlechthin Engel oder Teufel.

Eben wegen dieser Zusammengesetzheit der menschlichen Natur, eben weil sich auf diese Weise alles in allen findet, nur in verschiedenen Graden und in beständig wechselnder Mischung, muss die genannte Theorie aufgegeben werden. Es würde ungebührlich und übereilt sein, wenn der Forscher, der ethische Forscher, sich an den Buben wendete und ihm sagte: Dein »rechtes Betragen« besteht darin, Bubenstücke zu verüben! Denn es wäre ja möglich, dass es eines schönen Tages dem Manne einleuchtete, er sei ganz im geheimen mehr als ein Bube, und der Forscher habe ihn mithin betrogen.

Ähnlicherweise würde es ungebührlich sein, wenn der Forscher zum Menschenfreunde ginge und ihm sagte: Dein rechtes Betragen ist ganz einfach das natürliche, das aus deiner Natur unmittelbar hervorquellende! Denn es wäre dann ja möglich, dass jener mikroskopische Zug des Bübischen in einem unbehüteten Augenblick solchen Spielraum erhalten könnte, dass auch der Menschenfreund seinem Ratgeber Vorwürfe machte.

Wie das juristische Gebot und das Gebot »der öffentlichen Meinung«: Du sollst nicht stehlen! an alle gerichtet ist, an den Buben wie an den Menschenfreund, an den Hungrigen wie an den Gesättigten, an den Diebischen wie an den, der nie die geringste Lust zum Stehlen verspürt hat, so ist auch das ethische Gebot: Du sollst nicht stehlen! offenbar an alle gerichtet; auch an den Diebischen und an den, der dem Hungertode nahe ist. Eine Individualisierung, die darin bestünde, dass das Gesetz zum Diebischen oder Hungrigen sagte: Du darfst schon! kann sich niemand im Ernste denken.[1])

---

[1]) Man hat mich hier von mehreren Seiten gefragt: Wenn nun aber eine Mutter mit einem Kinde, das dem Verhungern nahe ist, ein Stück Brot aus einem unbewachten Bäckerladen stiehlt, um womöglich das Leben des Kindes zu retten, willst du dies denn ebenfalls unethisch nennen? Es scheint mir nicht schwer, diese Frage zu lösen: Eignet sie sich das Brot mit dem Vorsatze an, ihre Handlung womöglich zu verbergen, so hat sie sicherlich unethisch gehandelt. Das Brot könnte ja vermisst werden, und ein Unschuldiger könnte vielleicht in Verdacht geraten und hierdurch zeitlebens unglücklich gemacht werden. Eignet sie sich das Brot dagegen in Verzweiflung über die augenblickliche Gefahr an, jedoch mit dem Vorsatze, dem Eigentümer möglichst bald ihre Tat zu gestehen und ihm zu versprechen, das Entwendete möglichst bald zu ersetzen, so kann ihre Handlung nicht ohne weiteres unethisch genannt werden. Diese kann dann aber — ethisch betrachtet — auch nicht ohne weiteres ein Diebstahl genannt werden.

Dagegen ist es sicher, dass der ethische Unwille in unbegrenztem Grade in Mitgefühl für denjenigen umschlagen kann, der von Kindheit an zum Stehlen erzogen und gezwungen wurde, oder für denjenigen, der stiehlt, nur um sich und die Seinigen vom Hungertode zu erretten. Eine und dieselbe objektive Handlung kann in subjektiver Beziehung zwei weit verschiedene Handlungen darbieten. Der in letzterem Umstande liegenden ethischen Individualisierung wird die Ethik des gewöhnlichen Bewusstseins denn auch sowohl huldigen als huldigen können. Dagegen wird dieselbe ganz gewiss verlangen, dass die Allgemeinheit des Gesetzes aufrechterhalten werde, und dem soeben Entwickelten zufolge wird es keineswegs ausgeschlossen sein, dass sie hierin recht hat. Die Unmöglichkeit einer allgemeinen Ethik ist mithin nicht dargetan [1])

Das ethische Gebot muss ein inneres Gebot sein, das ethische Gesetz muss das Gesetz meines Wesens, das ethische Wollen ein Wesenswollen sein. Ist nun aber das Menschenwesen ein höchst zusammengesetztes und variables Wesen, was dann?

Eben in dieser Zusammengesetztheit liegt offenbar die Bedingung, um überhaupt etwas in dem gewöhnlichen Sinne des Wortes »Ethisches« erreichen zu können. Bei dem Buben, der nur Bube ist, bei dem Engel, der nur

---

[1]) Es ist wohl auch die Anerkennung dieses Umstands, die bewirkt hat, dass die angedeutete Theorie nur als flüchtiger Gedanke in der Einleitung zu Höffdings »Ethik« vorkommt, während die übrigen Seiten des Buches ausschliesslich einer allgemeinen Menschenethik gewidmet sind. Es möchte gewiss auch nicht leicht gewesen sein, z. B. eine »Egoisten«- oder eine »Buben-Ethik« von mehr als 500 Seiten zu geben.

Engel ist, und überhaupt bei Wesen, die wir uns als durchaus unzusammengesetzt, als nur aus einer einzigen Art von Elementen erbaut denken, wird im strengen Sinne nicht von ethischem oder unethischem Betragen die Rede sein können. Es fehlt hier nämlich noch das charakteristische Merkmal, dass innerhalb des Rahmens des Wesens gesagt wird: Du sollst! Wo dies stattfindet, muss es doch auf irgend eine Weise einen geben, der den Befehl erteilt, einen anderen, der denselben erhält, einen, der für das Gesetz kämpft, einen anderen, der eine gewisse grössere oder geringere Neigung fühlt, dasselbe zu übertreten. Und soll der Befehl überdies stets und überall ein Ausdruck eines allgemeinen ethischen Gesetzes sein, ja dann bleibt nur der Ausweg, dass es **das innerste, bleibende, zentrale Wesen des Menschen** ist, das dem mehr Oberflächlichen, Wechselnden, Peripherischen das Gebot erteilt oder die Forderung stellt. Dieses innerste, zentrale Wesen muss also bis zu einem gewissen Grade **bei allen Menschen gleich sein**, und da das Gesetz an alle denkt, müssen sich ferner im Innersten jedes Menschen auf irgend eine Weise **Vertreter oder Fürsprecher der gesamten Menschheit** finden.

Ist ein Mensch ein so eigentümliches Wesen, so wird unsere Frage noch auf eine positive Antwort hoffen können. Lässt dieser Ausweg sich aber nicht durchführen, so ist der Begriff des Ethischen notwendigerweise als ein falscher Begriff und das Ethische selbst als eine Illusion zu kennzeichnen. Viele Ethiken würden dasselbe sein wie gar keine Ethik.

V.

Es sieht indes aus, als wären noch weit ernstlichere Schwierigkeiten zu überwinden, wenn die Bemühungen, »dem Ethischen« objektive Gültigkeit zu verschaffen, gelingen sollen. Denn wie ist tatsächlich die Menschennatur, aus der dasselbe entspringen sollte? Das lehrt uns die Psychologie. Ein Mensch, eine Menschenseele ist ein Wesen mit dem Vermögen, Vorstellungen von der Aussenwelt und sich selbst empfangen und bearbeiten zu können; jede dieser Vorstellungen ruft ein Gefühl der Lust oder Unlust oder von beidem hervor, und jede solche gefühlsbetonte Vorstellung erregt im Subjekte wieder ein Streben, ein Wollen. Dieses Wollen nimmt seinen Inhalt, seine Richtung und Stärke gemäss der Vorstellung und deren Gefühlstone. Entsteht die Vorstellung des Singens, und ist diese Vorstellung lustbetont, so wird, wo nichts anderes hinzutritt, ein Singen-wollen entstehen; ist die genannte Vorstellung unlustbetont, so wird ein Nicht-singen-wollen entstehen, und ist der Gefühlston stark, bzw. schwach, so wird auch das auftauchende Wollen oder Nichtwollen stark, bzw. schwach werden. Über diese einfachen Annahmen herrscht unter den Psychologen völlige Übereinstimmung. Was die Menschenseele, metaphysisch betrachtet, sein mag: ein Atom, ein Haufe Gehirnzellen, ein Immaterielles oder ein anderes Derartiges, das können wir den Metaphysikern zur Entscheidung überlassen; nur eines brauchen wir hier zu betonen: etwas muss sie doch sein; ein Etwas, das die Vorstellungen hat, das die Gefühle fühlt u. s. w., muss es doch geben. Das verbürgt denn auch nicht nur der gesunde Menschenverstand, sondern ausserdem auch jeder psychologische Schriftsteller, insofern es schwer fallen wird, auch nur in einer einzigen Psychologie ein einziges Blatt zu finden, das nicht, mit oder ohne Wissen und Wollen des Autors, diese Annahme in sich birgt.

Wir wissen ferner, dass die menschlichen Willensäusserungen teils als Instinkt-, Trieb- und Gewohnheitshandlungen, teils als eigentliche Willenshandlungen mit vorhergehendem Überlegen und Entschliessen auftreten. Von sämtlichen Formen gilt es aber, dass sie, ebenso wie sie durch ein Gefühl erregt werden, schliesslich auch bezwecken, ein Gefühl festzuhalten, hervorzurufen oder auszuschliessen. Dieser Zweck kann mehr oder weniger direkt und bewusst sein. Man hat zuweilen gesagt, es sei das Lustbringende, nicht aber das Lustgefühl selbst, was man wolle, und einer oberflächlichen Betrachtung kann dies gewöhnlich richtig erscheinen. Man besucht das Theater, um ein Schauspiel zu sehen, das Konzert, um Musik zu hören u. s. w. Warum will ich aber ein Schauspiel sehen, warum will ich Musik hören? Dies lässt sich vielleicht noch mittels ein paar Zwischenglieder beantworten: Ich möchte gern diese Symphonie kennen lernen u. s. w. u. s. w.; zuletzt endet man aber damit: weil es mir ein Lustgefühl verschaffen oder ein Unlustgefühl abnehmen wird. Nun lässt sich aber kein Warum mehr beantworten. Wir stehen jetzt an einer der Urerscheinungen des Daseins. Würde jemand antworten: Ich möchte gern froh sein, denn das fördert das Leben! so würde er sich offenbar in einem Kreise drehen und durch ein oder mehrere Zwischenglieder hindurch wieder am Lustgefühle oder an der Scheu vor dem Unlustgefühle stehen. Alles menschliche Wollen wird mithin zuguterletzt durch das Gefühl bestimmt, hat das Gefühl sowohl zur Bewegkraft als zum Zweck.

Das Gefühl ist aber ja das Subjektivste aller Dinge der Welt. Muss daher nicht auch von den menschlichen Zwecken und dem menschlichen Wollen etwas Ähnliches gelten? Jedermann will ja in diesem Augenblicke das eine, im nächsten Augenblicke ein anderes, und so ins unendliche. Allerdings lehrt uns die Erfahrung das höchst Sonderbare, dass sich allmählich bei jedem Menschen mehr umfassende und andauernde Zwecke bilden, denen sich die Einzelzwecke mehr oder weniger vollständig als Mittel unterordnen; selbst wenn wir uns aber den günstigsten Fall dächten: dass sämtliche Zwecke jedes Individuums ganz und gar von einem einzigen letzten, umfassenden Totalzwecke verschlungen würden, so hätten wir hierdurch bei weiten noch nicht gewonnen, was wir nötig haben. Denn könnten wir uns auch eine allgemeine Formel bilden und z. B. sagen: **Unter allen Möglichkeiten will jedes Individuum beständig diejenige, die ihm die grösste Befriedigung bringt**, so würde unter dieser Allgemeinheit doch noch Raum für so entscheidende Verschiedenheiten sein, dass die Möglichkeit einer Ethik wie die in Frage stehende dennoch nicht zu gewahren wäre. Die menschlichen Totalwünsche sind ja meilenweit verschieden. Bald soll es die Prinzessin und das halbe Königreich sein, bald die Prinzessin allein und bald das Königreich allein, am liebsten aber das ganze. Einer möchte der Mächtigste, ein anderer der Schönste, ein dritter der Klügste, ein vierter der Berühmteste sein. Einer möchte gern alle seine Wünsche erfüllt sehen, ein anderer möchte am liebsten immer sieben unerfüllte übrig haben, ja wieder ein anderer ist vergnügt, wenn er nur immer die Lacher auf seiner Seite hat. Der einzige gemeinschaftliche Zug scheint der zu sein, dass der Nächste zum Vorteil des eignen Ich stets stark in den Hintergrund tritt.

Bevor wir es versuchen, diese Schwierigkeit zu **durchbrechen**, wird es von Nutzen sein, in Kürze einige der Versuche zu erwähnen, die man angestellt hat, um dieselbe zu **umgehen**.

Statt mit der primitiven Frage anzufangen: Ist eine allgemeine und allgemeingültige Ethik möglich?, hat man oft seinen Ausgangspunkt unwillkürlich aus folgendem Räsonnement geholt: Eine allgemeine und allgemeingültige Ethik müssen und wollen wir haben. Lässt dies sich unmöglich erreichen, wenn wir die menschlichen Lust- und Unlustgefühle zur Grundlage nehmen, so bleibt uns nichts übrig, als von diesen Gefühlen abzusehen.

Eine Ethik von diesem Ausgangspunkte aus hat z. B. *Kant* zu geben versucht. Dass der genannte Ausweg aber ein unmöglicher Ausweg ist, hat er indes wider sein Wollen auch recht deutlich dargelegt.

Bisher hat man — so sagt er — das ethische Handeln wesentlich als das Handeln bestimmt, welches darauf ausgeht, das »höchste Gut« zu gewinnen, und dieses wird bald als »Glückseligkeit«, bald als »Vollkommenheit« gesetzt. Solches Verfahren geht aber durchaus nicht an, schon weil jedes Individuum die Glückseligkeit oder die Vollkommenheit selbstverständlich auf seine Weise bestimmen wird, so dass wir viele Ethiken erhalten würden. Zudem ist ein solches Streben nach Zwecken noch gar nicht ethisch oder moralisch. Nein, das moralische Handeln ist das **Handeln aus Pflicht**, und die Pflicht sagt **kategorisch**: Du sollst! nicht aber hypothetisch: Du sollst, wenn du dies und jenes erreichen willst! Von dem Ertrage, dem Erfolge muss man absehen. Das moralische Handeln ist schlechthin das Handeln dem »Moralgesetze« gemäss, und dieses Gesetz, dessen Ursprung uns durchaus unerklärlich ist, während jeder Mensch es doch tatsächlich in seinem Inneren findet, enthält gar nichts Materielles, gar nichts, was sich auf Zwecke bezieht, sondern nur das rein formelle Gebot: Handle so, dass du dir die allgemeine Anwendung deiner Maxime denken und sie auch wollen kannst! —

Gegen *Kant* hat man meistens den Einwurf erhoben, dieses Moralgesetz sei so leer und formell, dass es — wenn auch an und für sich richtig — unfruchtbar und wertlos werde. Damit ist man aber wohl kaum fertig. Vielmehr ist zu sagen, dasselbe — in Gemässheit des Vorstehenden aufgefasst — werde gar zu inhaltreich, indem es jede beliebige Art des Handelns umfassen wird. Man kann sich nämlich ja leicht sogar die schlechtesten Maximen angewandt »denken«, wenn hierdurch gar kein Erfolg gewonnen oder vermieden werden soll. *Kant* selbst dachte sich tatsächlich die Menschen ziemlich schlecht. Und was ich mit Bezug auf allgemeine Maximen wollen oder wünschen mag, das beruht ja in höchstem Grade wieder darauf, was ich für eine Art Mensch bin, welche Zwecke ich habe. Nur wenn man unwillkürlich allein an die vortrefflichsten Zwecke denkt, erhält das Kantische Moralgesetz Sinn. Die Zwecke können also gar nicht übergangen werden.

Und ebensowenig kann *Kant* das Gefühl als Bewegkraft, als Motiv zurückweisen. Fragt man: Geschieht es aus Laune, dass der ethische Mensch das Moralgesetz befolgt?, so antwortet er: Nein, es geschieht aus Achtung für dasselbe! Achtung ist ja aber ein Gefühl, was *Kant* selbst, wenn auch halb widerstrebend, zugeben muss.[1] Dass die Achtung eine ganz spezielle Art von Gefühl, weder Lust- noch Unlustgefühl ist,[2] verhält sich insoweit richtig, dass sie ganz einfach das aus Lust und Unlust **gemischte Gefühl** ist, welches wir durch die Vorstellung eines Wesens erhalten, das unter Selbstüberwindung vorwärts geschritten ist. Die Vorstellung des Leidens erregt die Unlust, die Vorstellung des Sieges das Lustelement des Gefühls. Streng genommen bezieht die Achtung sich deshalb nicht auf das Gesetz, sondern auf den mit dem Gesetze übereinstimmenden Menschen. »Achtung geht jederzeit nur auf Personen, niemals auf Sachen.«[3] Ich beuge mich dem Gesetze, um das eigentümliche, mächtige Gefühl der Freude zu gewinnen oder festzuhalten, welches die Vorstellung begleitet, dass ich mit dem Gesetze in Übereinstimmung bin, oder um dem peinlichen Unlustgefühle zu entgehen, welches die Vorstellung begleitet, dass ich mich in Nichtübereinstimmung mit demselben befinde. Unter welchen Bedingungen diese Gefühle in den betreffenden Fällen entstehen, werden wir später untersuchen.

Das Neue und Gewaltige der Kantischen Ethik, das derselben rasch wohl noch grössere Verbreitung und grösseren Ruhm verschaffte, als sogar der »Kritik der reinen Vernunft« zu teil wurden, war gewiss der Umstand, dass *Kant* durch die Betonung der **Zusammengesetztheit der Menschennatur** der Wirklichkeit einen beträchtlichen Schritt näher kommt als die meisten

---

[1] Grundlegung zur Metaphysik der Sitten, v. Kirchmanns Ausg. S. 19.
[2] Kr. d. praktischen Vernunft I, II, III.
[3] Kr. d. prakt. Vern., v. Kirchmanns Ausg. S. 92.

früheren Versuche. Das gewöhnliche Bewusstsein findet weit mehr seiner entscheidenden ethischen Bestimmungen bei *Kant* als bei den meisten anderen Philosophen wieder. Die früheren Systeme hatten den Menschen gar zu einseitig als reines »Naturwesen« oder reines »Vernunftwesen« aufgefasst, das ganz friedlich-mechanisch allmählich immer mehr glückselig oder auch immer mehr vollkommen werde. Erst bei *Kant* finden wir Kampf und ethische Spannung. Der Mensch ist nicht in der Welt um der Glückseligkeit nachzujagen, sondern um seine Pflicht zu tun, heisst es bei ihm.

Neben dem unbedingten Pflichtgefühl und der hohen ethischen Begeisterung, die in *Kants* Moralsystem so gewichtig zu Worte kommen, steht indes noch ein anderer Faktor da, der an vielen Punkten Unheil gestiftet und u. a. dazu beigetragen hat, dass man oft genug über alles, was *Kant* Vortreffliches, noch völlig in Gültigkeit Stehendes geleistet hat, gar zu leicht hinweggleitet. Dieser andere Faktor ist sein fast unbegreiflicher Schreck, seinem System auch nur das allergeringste »Empirische« beizumischen. Er will sein System mathematisch sicher und vollendet, mithin »rein apriorisch« machen. Es ist, als hätte der Verfasser der »Kritik der praktischen Vernunft« die ganz einfache und unanfechtbare Auffassung des »Apriorischen«, die er selbst im Anfange der »Kritik der reinen Vernunft« zur Geltung brachte, gänzlich aus dem Gedächtnisse verloren, und als wäre er schon nahe daran, in den von späteren Zeiten verübten Missbrauch des Begriffes hinüberzugleiten. Die ethische Lehre soll mathematisch vollendet sein. Folglich darf nichts Empirisches mitgenommen werden. Deshalb ist erstens jeglicher Zweck auszuschliessen: der Mensch ist nicht in der Welt, um der Glückseligkeit nachzujagen. Deshalb wird ferner das Moralgesetz so abstrakt, dass es in der Tat alles umfasst, das Böse wie das Gute. Soll es je befolgt werden, so muss es Triebkräfte, d. h. zuguterletzt Gefühl geben. Dies hat *Kant*, wenn auch schwankend und ungern, anerkennen müssen.[1]) Keins der gewöhnlichen »empirischen« Gefühle darf aber hierzu angewandt werden, und *Kant* wählt deshalb die Achtung, macht diese jedoch zu einem von allen anderen Gefühlen gänzlich verschiedenen, man könnte sagen »apriorischen« Gefühle, das darum noch kein Unheil anrichtet. Es hat dann aber auch die Arbeit ganz allein zu verrichten. Gerät ein einziges »empirisches« Gefühl mit hinein, so kommt das System wieder in Gefahr, und *Kant* stellt deshalb — gewiss mehr aus systematischem als aus ethischem Zelotismus — die bekannte Lehre auf, alles Gute, das aus natürlicher Neigung getan werde, sei ethisch gewichtlos. Die »Achtung« darf keine beschwerlichen Gehilfen bekommen. Dass eine solche natürliche Neigung in vielen Fällen vielleicht ausschliesslich das Ergebnis früherer ethischer Anstrengungen ist, darf an der Sache natürlich nichts ändern. Auch dann würden wir ja in ein empirisches Irrsal geraten.

Durch all dieses hat die an und für sich wertvolle Auffassung des Menschen als ein zusammengesetztes Wesen sich aber allmählich in bedenklicher Weise einer Auffassung genähert, die das Menschenwesen und das gesamte Dasein dualistisch zersprengt,[2]) und dies scheint

---

[1]) Grundlegung S. 18, 19; Kr. d. prakt. Vern. S. 94, v. Kirchmanns Ausg.

[2]) Die Gefahr dieser Zersprengung wird dadurch noch drohender, dass Kant das zentrale Menschenwesen, den »homo noumenon«, wie er es nennt, in eine ganz überflüssige Verbindung mit gewissen ungeeigneten metaphysischen Bestimmungen bringt.

Kant am Schlusse seines Systems gewahrt zu haben. Gewiss um u. a. einen solchen Dualismus abzuwehren, führt er hier die bekannte Einheit der Tugend und der Glückseligkeit ein.

Es ist wohl kaum gerecht, wenn man, wie es mitunter geschehen ist, hierin einen direkten Selbstwiderspruch erblickt. Denn *Kant* hat vorher nur gesagt, man solle nicht der Glückseligkeit nachjagen, die Pflicht nicht um des Ertrages willen, sondern um ihrer selbst willen tun. Dass die Glückseligkeit möglicherweise wie eine Apfelsine in den Turban fallen könnte, ist hierdurch ja nicht ausgeschlossen, und ein direkter Selbstwiderspruch ist insoweit nicht vorhanden.

Eine Gefahr ist dem in Kantischem Sinne »reinen« ethischen Streben aber doch offenbar durch diese Bestimmung erwachsen. Denn man setze, dass die Menschen nach und nach diese Einheit in Erfahrung brächten! Wird es ihnen dann noch immer möglich sein, die Pflicht ausschliesslich so einseitig kalt und trübe anzuschauen, wie *Kant* es, seinen Äusserungen zufolge, für am ratsamsten zu finden geneigt ist? Wird es möglich sein, zu vermeiden, dass sich auch lichtere und wärmere Gefühle einstellen, und dass Neigung und Pflicht sich, namentlich bei den in ethischer Beziehung am weitesten Vorgeschrittenen, vielleicht sogar unbegrenzt dem Verschmelzen nähern werden? Wohl schwerlich! Damit hat *Kant* aber unwillkürlich wieder die unechte Strenge verlassen müssen, die seine apriorischen Tendenzen herbeiführten; damit hat er wieder die Einheit des Lebens einführen müssen, die sich tatsächlich hinter allen Gegensätzen geltend macht, und damit haben auch seine systematischen Bemühungen gezeigt, dass wir nun einmal die Gefühle nicht unberücksichtigt bleiben lassen dürfen. —

In der dänischen Litteratur hat *S. Hansen* in seiner Dissertation »Die Begründung der Ethik« (Kopenhagen 1903) dennoch einen solchen Umweg einzuschlagen versucht. Auch er fängt nicht mit der Frage an: Ist eine allgemeine und allgemeingültige Ethik möglich?, sondern er fragt: Was sollen wir tun, um die Ethik allgemein und allgemeingültig zu machen, um sie zu einer »wirklichen Wissenschaft in modernem Sinne zu machen?« (S. 11).

Der einzige Ausweg, meint er, besteht darin, dass wir die subjektive utilitarische Bestimmung des ethischen Zweckes als »Befriedigung der Lust« (28) verlassen, und denselben objektiv, biologisch als »die Erhaltung und den Fortschritt der Gattung« (29) bestimmen. Die ethisch rechte Handlung wird also die »die Gattung erhaltende oder das Leben fördernde Handlung« (30).

Man sieht, dass *Hansen* ebenso wie *Kant* eine gewisse Scheu vor dem Gefühle mit dessen grosser Subjektivität hegt, und dass er unwillkürlich zu glauben scheint, es könne schon angehen, das Dasein ein wenig umzuändern, wenn wir dadurch eine Wissenschaft mehr in der Welt bekommen könnten. Kann die Ethik, meint er, nicht wissenschaftlich werden, wenn der ethische Zweck durch das Gefühl bestimmt wird, was denselben ja willkürlich macht, so ist er ganz einfach auf mehr objektive, mehr willfährige Weise zu bestimmen. Dazu müssen wir berechtigt sein; denn es ist undenkbar, dass der Zweck ein willkürlicher ist, »da die Ethik hierdurch als allgemeine Wissenschaft unmöglich wird« (20).

Diese Neigung des Autors, das Dasein nach dem Bedarfe der Ethik, nicht aber die Ethik nach dem Bedarfe des Daseins einzurichten, kommt an verschiedenen Orten zu Worte und stellt alles auf den Kopf. So heisst es z. B. S. 141: »Der Glaube an die Freiheit oder besser an das Selbstbestimmungsvermögen und die daraus folgende Verantwortlichkeit ist mithin unvermeidlich und ist unter allen Umständen aus Rücksicht auf das praktische Leben und die Ethik festzuhalten.« — Ich soll also um der Ethik willen an einem Glauben festhalten, der vielleicht ein unrichtiger Glaube ist; ja, ich soll offenbar sogar an demselben festhalten, auch wenn die Unrichtigkeit eines schönen Tages dargelegt wird. Eine sonderbare Moral als Grundlage der Ethik!

Der Autor hat doch selbst das Gefühl gehabt, dass die Natur und das Menschenleben sich nicht in so hohem Masse nach der Lust des Forschers zum Aufbauen einer objektiven Ethik richten können, und er hat es deshalb versucht, seine Hauptgedanken durch eine mehr direkte Begründung zu stützen. Mit Recht tritt er gegen eine Menge mehr oder weniger naiver Auffassungen des Utilitarianismus auf; mit Unrecht glaubt er aber damit dieser Lehre selbst zu Leibe gekommen zu sein. Dies ist indes weniger wesentlich, hätte er nur die Richtigkeit seiner fundamentalen Behauptung: die ethische Handlung ist die das Leben fördernde Handlung! hinlänglich »wissenschaftlich« dargelegt. Dies ist ihm aber entschieden nicht gelungen. Erst wird, freilich mit gewissem Schwanken, behauptet, es sei der »Zweck« der Natur, der organischen Natur, das Leben zu fördern. Der Verfasser gibt zu, dass diese Redensart streng genommen unberechtigt sei, meint aber, wenn man die Worte nicht so genau nehme, könne man doch wohl so sagen (21—26). Hieraus — heisst es nun weiter — folge wieder, dass es auch der **ethische Zweck** des Menschen sein müsse, das Leben zu fördern (28). — Als ob er mit der Wissenschaftlichkeit dieses »Schlusses« selbst nicht ganz zufrieden wäre, fügt er noch ein paar Betrachtungen hinzu: 1) »Will man einen ethischen Zweck aufstellen, der möglichst wenig willkürlich gewählt ist«, »so kann man keinen anderen als diesen aufstellen«, und 2) »Durch Aufstellung dieses Zweckes macht der Mensch zum Zweck seines bewussten gewollten Strebens jedenfalls nur, was tatsächlich der anscheinende Zweck oder die anscheinende Richtung seiner unbewussten und instinktiven Natur ist«. (28). —

Wieviel ist nun hierin enthalten?

Setzen wir der Bequemlichkeit wegen einstweilen voraus, das wirklich mit Recht von Absichten oder Zwecken der »Natur« die Rede sein könnte, und dass wir mit Sicherheit wüssten, es sei z. B. deren Zweck, eine immer grössere Menge Individuen immer vollkommnerer Art zu erzeugen! Hieraus folgt denn doch noch **durchaus nichts** mit Bezug auf meine **ethische** Aufgabe, ja nicht einmal, dass ich überhaupt eine solche Aufgabe **habe**.

Wäre nun auch letzteres gegeben, indem es z. B. durch eine nähere Untersuchung, nicht des Pflanzen- oder Tierreiches, sondern meines eignen totalen Wesens ermittelt worden wäre, so müsste ferner die **nähere Beschaffenheit** dieser Aufgabe ebenfalls aus meinem eignen totalen Wesen hergeleitet werden, und es wäre ganz unlogisch, wenn man sagte: So sind die **tatsächlichen** Bemühungen der Natur, ja, so ist sogar die

Tendenz deiner eignen instinktiven Natur; also soll dein **ethisches** Bestreben ebenso sein! — Denn es wäre doch auch möglich, dass mein Wesen Seiten enthielte, die es mir verböten, der Natur die unbegreifliche Vergeudung von Leben oder das unbarmherzige Zermalmen der Schwachen zu gunsten der Starken nachzumachen, Seiten, die es mir verböten, mich ohne weiteres meiner »instinktiven Natur« zu beugen. Ohne eine Untersuchung dieser Fragen ist es aber wirklich nicht tunlich, dem Menschen eine ethische Aufgabe festzustellen. Lässt man sich hierauf ein, so wird der Zweck nicht nur »ein wenig«, sondern völlig im blinden und völlig willkürlich gewählt. Indem *Hansen* mit Hinblick auf die Natur das »das Leben Fördernde« wählt, hat er zu allem Glück oder Unglück einen so vagen und elastischen Ausdruck erwischt, dass man sich unter diesem unwillkürlich sehr wohl alles denken kann, was der gewöhnliche Menschenverstand der Bestimmung »ethisch« unterstellt. Der Hinblick auf das Treiben oder den »Zweck« der Natur würde in der Tat indes zu einem ganz anderen Inhalte führen. Es lässt sich deshalb wohl kaum behaupten, dass *Hansen* die Ethik durch seine Bemühungen mehr wissenschaftlich oder eindeutig gemacht hat, als sie vorher war. Er hat die Botanik und die Zoologie zu Rate gezogen, und es wird niemand in Erstaunen setzen, dass diese Disziplinen ihn nur sehr wenig über das Ethische zu belehren vermochten. Hätte er die Psychologie aufgesucht, so hätte er sicherlich wertvollere Winke erhalten. Der erste derselben würde aber gelautet haben: Der Weg geht durch das Gefühl.

VI.

Könnte man das anscheinend unvermeidliche Gefühl jedoch nicht, ohne es gänzlich auszuschliessen, auf irgend eine Weise unschädlich machen, indem man etwas Objektives, Solides zur Stütze nähme, z. B. die **Gesellschaft**? Liesse sich nicht die Theorie ohne Widerspruch durchführen: die ethische Forderung ist ganz einfach die Forderung der Gesellschaft, die Forderung der Gesellschaft an das Individuum?

Wer ist denn die »Gesellschaft«? Wo ist sie zu finden, und was fordert sie faktisch von mir?

Es leben auf Erden etwa 1600 Millionen Menschen. Sie bilden die heutige, uns bekannte menschliche Gesellschaft. Mit den allermeisten werde ich aber nie in Berührung kommen, nicht einmal in die allerloseste. Unternehmen wir also eine Beschränkung und denken wir z. B. an die grossen europäischen und an andere ähnliche Kulturgesellschaften! Meine Beziehung zu denselben wird noch aus ziemlich dünnen Fäden bestehen. Sie haben sich zu Staaten mit bestimmten, sich mehr oder weniger widersprechenden Systemen von Gesetzen organisiert; sie haben mehr oder weniger verschiedene Sitten und Gebräuche, Lebensanschauungen und Lebensführungen. Ihre gegenseitigen Beziehungen sind nicht die ethisch besten, die inneren Verhältnisse jedes einzelnen Staates sind vielleicht auch nicht besonders ideal. Sowohl im Inneren als gegen das Äussere bedienen sie sich ziemlich regelmässig solcher Mittel, die unter den einzelnen Individuen nicht mehr in Ansehen stehen. Eine eigentlich ethische Autorität für mich scheinen sie insoweit nicht wohl sein zu können.

Vielleicht habe ich mir unter dem Ausdruck »die Gesellschaft« aber besonders die mir am allernächsten stehende Gesellschaft zu denken. Das Verhältnis wird jedoch nicht um viel besser. Freilich stellt diese Gesellschaft ihre ganz bestimmten Forderungen an mich. Diese Forderungen tragen aber so sehr das Gepräge des Unfertigen und Unvollkommenen, dass mir auch hier keine eigentlich ethische Hoheit entgegentritt. Die Forderungen geben sich denn auch selbst gar nicht für anderes und mehr aus als für den bis Dato für den besten gehaltenen Ausdruck dessen, was durch gegenseitiges Entgegenkommen der Vertreter der gesetzgebenden Gewalten festgestellt wurde. Wollte man sagen, es seien nicht so sehr die Gesetzsammlungen und Polizeianschläge der organisierten Gesellschaft, sondern vielmehr die »öffentliche Meinung« der ganzen freien Gesellschaft, von der die Rede sei oder sein sollte, so würde das die Sache in der Tat auch nicht verbessern. Denn eine ganz unbefangene Betrachtung wird uns doch sicherlich zu dem Ergebnisse führen, dass sich in einer mittelgrossen Stadt wie z. B. Kopenhagen mit Leichtigkeit wenigstens siebzig »öffentliche Meinungen« nachweisen lassen.

So ungefähr sieht die »Gesellschaft« tatsächlich aus, nicht unser ideales Gesellschaftsbild, wohl aber die wirkliche, objektive Gesellschaft. Keine nüchterne Betrachtung kann das Bild wesentlich anders zeichnen. Welches Unglück, welche Hemmung alles Fortschritts, wenn die Forderungen der Gesellschaft an das Individuum im Ernst als mit dem Ethischen eins aufgestellt würden!

Die Gefahr ist nun aber auch nicht unmittelbar drohend. Jeder »Gesellschaftsethiker« hat sein System mit einem mächtigen Sicherheitsventil versorgt, indem es durchweg heisst: die ethischen Forderungen sind die berechtigten Forderungen der Gesellschaft an das Individuum.[1])

Man hat oft gemeint, in dieser Formel einen Ausweg aus allen oben genannten Schwierigkeiten zu finden. Dass die Gesellschaft mitbetätigt sei, befreie die Ethik von aller subjektiven Willkür; dass die Forderung berechtigt sein müsse, entferne alle äussere Willkür, ermögliche den freien Anschluss und bewirke, dass das ethische Gericht doch stets ein inneres werde.

Leider verschwinden diese heiteren Aussichten sämtlich wieder bei einer näheren Untersuchung. Erstens kann man gegen die Formel den Einwurf erheben, dass sie uns nicht mitteilt, wem die Entscheidung über die Berechtigung der Forderungen übertragen wird. Ist es die faktische Gesellschaft, das faktische Individuum, beide im

---

[1]) In *Starcke:* »Das Gewissensleben«, Kopenhagen 1894, findet sich freilich ein nicht unerhebliches Schwanken. S. 120 heisst es: »Die Forderungen der Moral lauten streng . . ., und das müssen wir dem Vorhergehenden zufolge für richtig halten, indem sie von aussen zu ihm kommen.« — »In dem Rechte anderer Menschen, das Individuum wegen seiner Handlungen zur Verantwortung zu ziehen, liegt der Schwerpunkt der Moral.« — Derselbe rein soziale Standpunkt macht sich Seite 111 oben geltend: ». . . das sittliche Leben, d. h. das Leben den Forderungen der Gesellschaft gemäss.« Etwas weiter unter heisst es aber auf derselben Seite: »Wir behaupten aber, dass die Tugend, d. h. das Leben den rechten Forderungen der Gesellschaft gemäss . . .«, und S. 8 heisst es: »Soll die Autorität mit unserem Gewissen in irgend einer Beziehung stehen, so kann ihre Gewalt keine äussere sein.« — ». . . »und soll sie in irgend eine Beziehung zu dem Gewissensleben in uns treten können, so ist sie nicht mehr nur eine Macht, die ausser uns steht, sondern eine Gewalt, die sich auf unsere eigne innere Anerkennung ihrer Berechtigung stützt.«

Verein oder vielleicht keines derselben? Ist es die Gesellschaft selbst, so wird das Ethische ja in massiver Äusserlichkeit ersäufen. Sind es die Gesellschaft und das Individuum im Verein, so wird es nicht besser gehen. Ist es aber das Individuum selbst, so werden alle unsere früheren Schwierigkeiten sich ja mit ungeschwächter Stärke wieder einstellen.

Denn ist es das Individuum selbst, das schliesslich die Entscheidung über berechtigte und unberechtigte Forderungen zu treffen hat, so befinden wir uns ja wieder der oben erwähnten individuellen Willkür gegenüber. Es wird in der Tat alles von neuem auf meine eignen Forderungen an mich selbst reduziert. Die Mitbeteiligung der Gesellschaft wird ziemlich bedeutungslos, sofern sie nicht positiv nachteilig wird.

Positiv nachteilig wird die Formel· nämlich auf folgende Weise wirken können. Denken wir uns das Individuum möglichst vollkommen, mit dem höchsten Vermögen und Willen, den Ausdruck »berechtigt« auszulegen. Wir hätten alsdann eine gewisse Sicherheit, dass keine falsche, keine unethische Forderung mitgenommen würde. Das Individuum würde ferner vielleicht der Gesellschaft so aktiv behilflich sein, die Forderungen zu stellen, dass keine berechtigte Forderung der Gesellschaft vergessen würde. Welche Sicherheit hätten wir damit aber, dass sämtliche ethische Forderungen gefunden wären? Das Individuum hat vielleicht ja andere ethische Pflichten als eben seine Pflichten gegen die Gesellschaft. Ja, die berechtigten Forderungen der Gesellschaft an mich erschöpfen vielleicht nicht einmal meine ethischen Pflichten gegen die Gesellschaft. Viele werden gewiss geneigt sein, *Stuart Mill* darin recht zu geben, dass die

Forderungen der Gesellschaft an das Individuum sich nicht so äusserst weit erstrecken dürfen.[1]) Möglicherweise würde es doch ganz unberechtigt sein, wenn ich glaubte, durch Erfüllung dieser Forderungen meine ethische Schuldigkeit in allen Stücken getan zu haben.

Aus Rücksicht auf das Folgende sehen wir uns diese ganze Sache noch ein wenig näher an!

Wie schon angedeutet, beginnt *Starcke* sein Buch »Das Gewissensleben« damit, dass er, wie man sagt, die Hülle und die Fülle haben will, nämlich sowohl die äussere Autorität, die er an der Gesellschaft finden zu können glaubt, als auch die innere Billigung oder Missbilligung des Individuums mit dem darauf folgenden Anschluss oder Nicht-Anschluss. Wir müssen ersteren, objektiven Faktor mitnehmen, nicht nur, weil die Ethik sonst ausserhalb des Wissenschaftlichen geraten würde (S. 15), sondern auch, weil das Gewissen das Gepräge eines Gefühls trägt, das nicht allein mit dem Stärksten oder Besten des Individuums, also mit einem Relativen, in Beziehung steht, sondern im Gegenteil auf ein Absolutes, Allgemeines, Objektives jenseits der Relativität des Individuums hindeutet (16, 17, 19 . . .). Anderseits müssen wir den inneren freien Anschluss mitnehmen, da wir sonst gar kein ethisches Verhältnis, gar kein Gewissensverhältnis erhielten (8). *Starcke* meint, es liege in dieser doppelten Forderung nichts Unmögliches. Denn von einer äusseren Autorität könne man sich auf zweifache Weise losmachen. Teils könne man derselben ganz im allgemeinen huldigen, ihre einzelnen Forderungen jedoch kritisch beurteilen, teils könne man das Band zwischen

---

[1]) Vgl. *Stuart Mill:* On Liberty.

sich und der Autorität gänzlich zerschneiden und auf ganz neuem Grund und Boden aufbauen (10, 11).

Es ist offenbar die erstere dieser »beiden Verfahrungsarten«, in welcher der Verfasser einen Ausweg aus allen Schwierigkeiten erblickt. In der Tat gibt es hier aber nicht zwei Verfahrungsarten, sondern nur eine einzige. Denn sobald ich mir gestatte, die verschiedenen Forderungen der Gesellschaft an mich kritisch zu beurteilen, habe ich in demselben Augenblicke die Gesellschaft tatsächlich ihrer Autorität entsetzt, und zwar in gleichem Masse, ob ich mich derselben, den aus meinem eignen Inneren kommenden Geboten gemäss, künftighin feindlich oder freundlich gegenüberstelle. Vielleicht erheischen diese Gebote die unbegrenzte Menschenliebe. Dann habe ich das Band zwischen mir und der Gesellschaft keineswegs zerschnitten, dasselbe ist vielleicht sogar stärker als vorher geworden. Ich habe aber entschieden das Band zwischen mir und der Gesellschaft als meiner Autorität zerschnitten und »baue nun auf ganz neuem Grund und Boden auf«. Die Verrechnung des Verfassers rührt daher, dass er unter dem Ausdruck »die Autorität« bald an die Gesellschaft als Autorität und bald an die Gesellschaft selbst als Gegenstand meines Wohlwollens oder meines Unwillens denkt. In letzterer Beziehung kann ich mich auf zweifache Weise stellen, je nachdem die innere Autorität das eine oder das andere gebietet. Soll ich aber an dieser inneren Autorität festhalten, so kann ich mich der Gesellschaft als Autorität gegenüber nur auf eine einzige Weise, nämlich abweisend stellen.

Für ein Sowohl—als gibt es hier also keine Möglichkeit; wir stehen vor einem Entweder—oder: Entweder die Gesellschaft oder gewisse Mächte in meinem eignen Inneren!

Und hier kann die Wahl in der Tat nicht zweifelhaft sein. Die 1600 Millionen Individuen können mir keine Autorität sein, meine eignen zwei bis drei Millionen Landsleute oder die 500 000 Menschen, die mit mir in derselben Stadt wohnen, ebensowenig, schon aus dem einfachen Grunde, dass sie sich unmöglich darüber einigen könnten, welche Gebote sie mir erteilen sollten, und welche nicht. Gehen wir zu den Gesetzen des Staates, den polizeilichen Vorschriften oder zu dem, was sich sonst an Festem und Bestimmtem draussen befindet, so wird es ebenso arg. Eine ethische Autorität können diese mir unmöglich werden.

Vielleicht möchte man den Einspruch machen, die Gesellschaft sei hier gar zu »realistisch« betrachtet worden. Nicht den tatsächlichen Gesetzen, sondern der idealen Tendenz hinter den tatsächlichen Gesetzen sollst du dich ethisch beugen! Das Lob und den Tadel der edelsten und besten Menschen, von diesen vielleicht niemals laut ausgesprochen, sollst du dir zur Richtschnur nehmen. Kurz, nicht die tatsächliche, sondern die ideale Gesellschaft soll dir Autorität sein.

Wohlan! Wo finde ich nun aber diese ideale Gesellschaft? Mit dieser Wendung an »das Ideale« ist der Kampf in der Tat beendigt, ist die äussere Autorität verlassen. Denn diese stille ideale Gesellschaft ist offenbar ein Bild in meinem eignen Inneren, und wir stehen jetzt ganz gewiss eben da, wo die verschiedenen »Gesellschaftsethiker« in der Tat samt und sonders stehen, wenn sie auch mehr oder weniger entschieden einen ganz anderen Standpunkt einzunehmen glauben. Dass der entwickelte Mensch sich selbst als ein Glied eines grösseren Ganzen auffasst, dass er sich vielfach an dieses Ganze geknüpft fühlt, dass er sich eine Auffassung davon bildet, wie dieses Ganze faktisch ist und ideell betrachtet sein könnte, dass er sich eine Anschauung gestaltet, wie jeder Einzelne auf seine Weise das Emporwachsen dessen, was ist, zu dem, was sein sollte, fördern könnte, und dass er sich endlich in höherem oder geringerem Masse angetrieben und verpflichtet fühlt, diese Aufgabe zu übernehmen, kurz, dass der entwickelte Mensch sich selbst als ein soziales Wesen auffasst und in seinen Schuldigkeiten als solches einige seiner wesentlichsten und wichtigsten ethischen Schuldigkeiten erblickt, das ist ganz sicher. Und ebenso sicher ist es, dass wesentliche Bestandteile dieser Auffassung dem Kinde direkt von aussen, durch seine Erzieher, zugeflossen sind, und dass andere wesentliche Bestandteile von der direkten Wechselwirkung des Individuums mit der Gesellschaft herrühren. Dies alles ist dem Individuum aber doch nur die Veranlassung, ist ihm eine nur pädagogische Hilfe gewesen, um sich zuguterletzt auf eigne Verantwortlichkeit und aus seinem eignen Inneren seine schliessliche Auffassung und das hieraus entspringende Bewusstsein seiner Verpflichtung zu gestalten. Nur diejenigen Gebote, welche dieses Bewusstsein mir diktiert, nicht aber die tatsächlichen Forderungen der tatsächlichen äusseren Gesellschaft an und für sich, bilden den Inbegriff dessen, was mir als meine ethischen Gesellschaftspflichten erscheint.

Indem aber diese beiden Bestimmungen: die wirkliche Gesellschaft ausserhalb meines Ich und das innere Gesellschaftsbild in meinem Bewusstsein bei dem, dessen Interesse im Augenblicke anderen Problemen zugekehrt ist, leicht ineinander verfliessen können, wird es verständlich, dass so überraschende Behauptungen zum Vorschein kommen wie z. B. die, dass die ethische Forderung die Forderung der Gesellschaft sei. Wo *Starcke* S. 99 die Ergebnisse seiner Bestimmung des Ethischen zusammenfasst, sagt er: »Das ethische Leben ist das gewissenhafte Leben. Das Gewissen ist das Gefühl der Lust oder der Unlust bei Übereinstimmung oder Streit mit den Bedingungen des sozialen Lebens.«

Viele werden diese Definition gewiss zu eng finden. In einer Beziehung ist sie aber gut genug: die äussere Autorität ist verschwunden. Hier ist völlige Übereinstimmung mit der kurzen und bündigen Äusserung S. 58: »Alle sittliche Autorität ist innere Autorität.« —

Eine ganz eigentümliche Auffassung des Ethischen hat *N. H. Bang* in seiner Abhandlung »Der Begriff der Moral«, Kopenhagen 1897, zu verfechten versucht. Da die äussere Autorität, die Gesellschaft, auch hier stark beteiligt ist, müssen wir *Bangs* Auffassung ebenfalls ein wenig näher betrachten.

Bang hält »das Ethische«, »das Moralische« und »das Sittliche« für eins und dasselbe (S. 5, 103), bedient sich aber am liebsten des zweiten dieser Ausdrücke, da der Ausdruck »das Ethische« ihm gar zu akademisch vorkommt und vorzugsweise »von den höheren, feineren Formen des Moralischen« gebraucht zu werden scheine, während der Ausdruck »das Sittliche« »den Gedanken gar zu einseitig auf das sexuelle Gebiet lenke«. Er wünscht nun zu bestimmen, was im allgemeinen unter Moral und moralisch zu verstehen sei, und glaubt, sich auf *Kants* Beispiel berufend, es sei das beste Mittel, den Sprachgebrauch des gewöhnlichen Bewusstseins mit Bezug auf diese Ausdrücke zu untersuchen (5—7). Das Ergebnis der Untersuchung wird folgendes (35): Das moralische Handeln ist das pflichtmässige Handeln, »ein Handeln, das um des Wohl des Ganzen willen kraft eines allgemeinen Gesetzes gefordert werden kann. Der Inhalt der Moral sind die notwendigen, durch allgemeine Gesetze ausgedrückten Forderungen des Gemeinwesens, der Gesellschaft, an die Einzelnen.«

Wie man sieht, sind diese Äusserungen noch ein wenig vag und doppeldeutig. Der Verfasser kann sich noch sowohl der subjektiven als der objektiven Seite zuneigen, ja sogar zu finden versuchen, was man in früheren Zeiten »eine höhere Einheit« von beidem nannte. Vorläufig scheint die Neigung sich dem Objektiven zuzukehren. S. 23 schneidet der Verfasser einen Hinweis auf die Sanktion des Gewissens als für das Moralische notwendig mit der Bemerkung ab, »es wäre ein Missverständnis, zu glauben, das Urteil des Gewissens sei ein von dem Urteil der öffentlichen Meinung wesentlich Verschiedenes.« Noch mehr objektiv, noch mehr »Gesellschaftsmoralist« ist der Verfasser im nächsten Abschnitt, wo er die Systeme verschiedener Moralphilosophen untersucht und u. a. scharf gegen *Kant* und *Adam Smith* protestiert, weil diese das Ethische an die Vorstellung eines allgemeinen Faktors im Menschen knüpfen. »Ein Pflichtverhältnis ist für das gewöhnliche Bewusstsein stets ein Verhältnis zu anderen Menschen. Ohne Gesellschaft kein Pflichtverhältnis. Die Pflichtvorstellung enthält das Bewusstsein, dass man zu einer gewissen Handlungsart genötigt, gezwungen werden kann. Indem man eine Pflicht anerkennt, gesteht man anderen Menschen eine gewisse Gewalt über sich zu. Man erkennt die übliche Pflichtvorstellung wieder bei

Kant, indem die Vorstellungen: Forderung, Gebot, Nötigung, Zwang mit dem Begriffe der Pflicht in Beziehung gebracht werden. Die Vorstellung einer fordernden, zwingenden und strafenden Gewalt verflüchtigt sich aber bei *Kant*, indem das Pflichtverhältnis zu einem rein inneren Verhältnisse gemacht wird, zu einem Verhältnisse zwischen zwei Seiten der menschlichen Natur, zwischen der Vernunftseite und der sinnlichen Seite« (41). »Die moralischen Gebote werden von *Kant* als Gebote der Menschheit betrachtet, indem der homo noumenon die Menschheit im Einzelnen ist. Diese Menschheit, die in *Kants* reiner praktischer Vernunft lebt und redet, ist aber ein Schatten ohne Fleisch und Blut; sie kann gebieten und befehlen, soviel ihr beliebt, findet aber keinen Gehorsam, weil sie ohne Macht ist. Die Menschheit, an die das gewöhnliche moralische Bewusstsein sich geknüpft weiss, ist eine lebendige Wirklichkeit, die nicht einzig und allein in ihrem Denken existiert, mit der sie dagegen durch Gefühle und Triebe, durch Blut und Nerven verbunden ist« (42).

Ebenso abweisend verhält sich der Verfasser gegen *Adam Smiths* »the inmate of the breast«, »the representative of mankind«, »den unparteiischen Zuschauer«, die *Kants* homo noumenon entsprechen. »Ist es möglich, auf diesem Wege zu einer gemeinschaftlichen gleichartigen Wertung menschlicher Handlungen, zu allgemeinen Regeln für das Handeln zu gelangen? Wohl schwerlich!« »Vielleicht wird man sagen, wir scheinen zu vergessen, dass *Smiths* höchster Richter der ideale Zuschauer ist, der abstrakte Mensch, der Vertreter der Menschheit im einzelnen Menschen, ein Wesen ohne Individualität. Eine solche

Gestalt vermag die Phantasie aber nicht zu bilden und festzuhalten; jedes Phantasiegebilde muss Individualität besitzen, und dann erhalten dessen .... Urteile die Färbung dieser Individualität« (67).

Der Verfasser sieht deshalb keinen Grund, »den Moralbegriff des gewöhnlichen Bewusstseins« zu ändern. Derselbe befindet sich in Übereinstimmung mit derjenigen Wirklichkeit, deren Denkausdruck er sein will, und ist deswegen gültig: »Die Moral sind die allgemeinen berechtigten Forderungen der Gesellschaft« (84, 96). Dieser Ausdruck »berechtigt« ist aber von der Seite der Gesellschaft aus zu betrachten und bedeutet keineswegs, dass das Subjekt selbst der oberste Richter ist. »Die Quelle des Rechtes ist der Wille der Gesellschaft, nicht der Wille des Individuums« (87).

Es setzt ein wenig in Verwunderung, wie der Verfasser wirklich glauben kann, dieser Moralbegriff sei der Moralbegriff des gewöhnlichen Bewusstseins. Denn ist das Moralgebot jetzt nicht fast dasselbe geworden wie der Inbegriff der im Augenblicke am betreffenden Orte gültigen gesetzlichen Bestimmungen?

Nein, erwidert *Bang*. Es gibt einen ganz einfachen und klaren Unterschied zwischen Recht und Moral. Das Recht ist durch die Gesetze des Staates gegeben, zur Moral gehören aber ferner »die Forderungen der herrschenden öffentlichen Meinung, die mittels sozialer Strafen gehandhabt werden: mittels der verschiedenen Leiden, die eine Folge der Verurteilung von seiten der öffentlichen Meinung sind« (97, 109). Diesen Strafen legt der Verfasser das grösste Gewicht bei. »Es ist unsere hauptsächliche Behauptung,« heisst es S. 106, »dass alle Forderungen der Moral durch äussere Gewalt gehandhabt werden können.«

Somit glaubt *Bang* nun einen kleinen, aber bestimmten und wohlabgegrenzten Moralbegriff erzielt zu haben. Die Moral ist nicht eine Lehre davon, was mir zuguterletzt am besten frommt, nicht eine Lehre, wie ich am schönsten oder edelsten handle; der moralische Mensch ist nicht der höchste Mensch. Da die Gesellschaft eine Forderung nur dann stellen darf, wenn sie die Mittel besitzt, dieselbe durchzusetzen (143), wird es möglich sein, noch mehr zu leisten, als die Gesellschaft fordert. Höher als die Pflicht steht das Verdienst (86). Das grosse Talent, der grosse Arbeiter, der grosse Menschenfreund haben höheren sozialen Wert als der vollkommene Pflichtmensch (190).

Man könnte diese Moral die **Moral des erhobenen Stockes** nennen. Dass *Bang* dem gewöhnlichen Moralbegriffe sehr fern steht, bedarf wohl keines Nachweises. Er hat die gewöhnliche Moral mitten durchgeschnitten und davon nur zurückbehalten, was sich mit Stöcken aus den Menschen herausklopfen lässt. Auch dieser Begriff könnte vielleicht aber doch wegen seiner klaren und scharfen Grenzen, seiner Allgemeingültigkeit, seiner Wissenschaftlichkeit, von Werte sein. Untersuchen wir denselben daher ein wenig näher auf diese gemutmassten Vorzüge!

Da jeder Staat der Welt nicht nur sein besonderes System von Gesetzen, sondern ferner irgend eine Art einer permanenten gesetzgebenden Versammlung hat, werden wir also nicht nur ebenso viele Moralsysteme bekommen, wie es Staaten in der Welt gibt, sondern die Moral wird auch ausserdem in jedem einzelnen Staate von Tag zu Tage wechseln, je nachdem alte Gesetze aufgehoben und neue erlassen werden. Dies ist schon eine etwas bedenkliche Sache für die Allgemeingültigkeit unseres Systems. Doch könnte man über dieses Riff vielleicht noch hinwegkommen, indem man z. B. hervorhöbe, dass wir an allen diesen verschiedenen Gesetzsammlungen lauter positive Moralsysteme hätten, während das nie ausgesprochene, dahinter liegende Gemeinschaftliche, das doch wohl zu finden sein muss, das ideelle System bildete. Auch das beständige Wechseln braucht uns nicht zu ängstigen; denn selbst wenn wir ein unveränderliches zentrales ethisches Gesetz annehmen, müssen dessen Spezifikationen ganz sicherlich doch mit Ort und Zeit je nach den wechselnden Lebensverhältnissen wechseln. Schwieriger wird es, wenn wir zu dem anderen Faktor der Theorie kommen: zu der öffentlichen Meinung. Denn diese ist offenbar zum moralischen Oberhirten nur schlecht geeignet.

Es ist schon eine missliche Sache, dass die öffentliche Meinung nirgends ihren Willen kundgetan hat. Man kann daher nie von vornherein eine klare und scharfe Vorstellung davon haben, was sie nun eigentlich verlangt oder verbietet. Nehmen wir indes an, es hätte jedes einzige Individuum einen Spürsinn, so dass alle Unsicherheit in dieser Beziehung verschwände! Stellen wir ferner die allerdings absolut unhaltbare Voraussetzung auf, dass sich in jedem Lande oder allenfalls in jeder Gesellschaft im engsten Sinne nur eine einzige öffentliche Meinung fände, eine Art arithmetischer Summe aller verschiedenen individuellen Meinungen! Es werden sich dann dennoch zwei so entscheidende Dinge in den Weg stellen können, dass alles vereitelt wird.

Erstens könnte diese durchschnittliche öffentliche Meinung leicht eine ziemlich niedrig liegende Meinung und mehrere ihrer Forderungen ziemlich niedrig liegende Forderungen sein, die vielleicht meinen Unwillen erregten und mir als nicht ganz ehrenhafte Forderungen erschienen. Natürlich werde ich sie zugleich persönlich als unberechtigt und ungebührlich betrachten. Diese persönliche Meinung nützt mir aber nichts. »Die Quelle des Rechtes ist der Wille der Gesellschaft, nicht aber der Wille des Individuums.« »Dass die Gesellschaft eine Forderung stellen muss, bedeutet, dass wenn man die Sache vom natürlichen selbstverständlichen höchsten Zwecke der Handlungen der Gesellschaft, von dem Wohle der Gesellschaft aus erblickt, die Gesellschaft notwendigerweise diese Forderung stellen muss« (89). Man könnte meinen, in dieser Äusserung noch einen Ausweg aus der Schwierigkeit zu haben, indem es z. B. jedem wohlgesinnten Individuum der betreffenden Gesellschaft einleuchtete, dass die fragliche Forderung dem wahren Wohl der Gesellschaft nicht förderlich sei. Hiermit ist *Bang* aber noch nicht befriedigt. Die Wohlgesinnten müssen in der moralischen Generalversammlung die Mehrheit haben, ehe ihr Urteil mir helfen kann. Denn »eine moralische Gesetzgebung muss die Neigungen und Bedürfnisse aller Einzelnen berücksichtigen und gegeneinander abwägen, auch die Neigungen und Bedürfnisse des Schweines und des Toren.« »Besteht die Mehrheit einer Gesellschaft aus Schweinen und Thoren, so wird die Moral dieser Gesellschaft danach werden, und zwar nicht nur deren positive Moral, sondern . . . auch deren ideelle Moral« (140, 141). Natürlich — setzt *Bang* fort — muss man sich entweder dieser Moral beugen oder sich davonmachen. »Der Charakter eines moralischen Gesetzes ist zu bestimmen durch die Beschaffenheit der Gesellschaft, für welche dasselbe gültig sein soll, und nicht durch die Beschaffenheit einer möglichen vollkommneren Gesellschaft« (154). Populär also: Heule mit den Wölfen, unter denen du dich befindest! Sonst bist du unmoralisch!

Hiermit scheint aber die Allgemeingültigkeit der Moral unleugbar erheblichen Abbruch erlitten zu haben. Im Anfang seiner Abhandlung führt *Bang* eine scharfe Polemik gegen die Auffassung, es gebe so viele Ethiken, wie es verschiedene Individualitäten gebe. Schliesslich endet er nun aber mit der Ansicht, es gebe ebenso viele Ethiken, wie es — sagen wir: moralisch verschiedene Gesellschaften gibt. Da jede grössere Gesellschaft sich ja wieder in zahlreiche kleinere verzweigt, scheint der Fortschritt kein wesentlicher zu sein.

Und in einer anderen Beziehung ist *Bangs* Theorie entschieden ein Rückschritt. Entspringt das ethische Gebot aus dem eignen Innern des Individuums, so hat es seine Autorität eben kraft seines Ursprungs. Wenn es aber von aussen kommt? Dem Staate und der Polizei droht hier vielleicht noch keine Gefahr. Hier ist der Stock so mächtig, dass er sich schon Respekt schaffen wird. Auch hier ist aber die öffentliche Meinung der schwache Punkt. Setzen wir wieder kühn voraus, es gebe in einer Gesellschaft eine einzige durchschnittliche, klar ausgesprochene öffentliche Meinung! Dass sämtliche Individuen rein unmittelbar Lust haben sollten, sich den Forderungen derselben zu beugen, dürfen wir natürlich nicht erwarten, und *Bang* setzt denn auch seine ganze Hoffnung auf ihr Vermögen, uns durch Strafe oder durch Aussicht auf

Strafe zu zwingen. Ist dies aber nicht eine ganz unbegründete Hoffnung? Natürlich werde ich in einer Menge von Fällen gemäss den Geboten der öffentlichen Meinung handeln; werde ich das aber auch nur ein einziges Mal darum tun, **weil** die öffentliche Meinung es gebietet? Werde ich es nicht vielmehr jedesmal tun, weil ich es rein persönlich am richtigsten finde, so zu handeln? Und finde ich es einmal am richtigsten, so oder so zu handeln, während die öffentliche Meinung mir einen anderen Weg einzuschlagen gebietet, werde ich dann wohl gehorchen? Und was für die Theorie noch verhängnisvoller ist: werde ich dann irgend einen entscheidenden **Grund** zum Gehorchen haben? *Bang* selbst ist in dieser Beziehung nicht ganz unbekümmert. In einer Menge von Fällen gebietet die öffentliche Meinung gar nicht, weil sie selbst bezweifelt, dass sie im stande ist, sich Gehorsam zu verschaffen oder zu beaufsichtigen, ob ihr gehorcht wird oder nicht. **Gedanken** sind bekanntlich zollfrei, und dasselbe ist wohl mit **Gesinnungen** der Fall. In anderen Fällen verlässt die öffentliche Meinung sich vielleicht auf ihre Zwangsmittel, auf ihr Vermögen, »das Individuum isolieren zu können«. Gesetzt aber, dass das Individuum diese Isolation mit Gemütsruhe hinnähme oder sich sogar ganz wohl dabei befände! Wo *Bang S. Kierkegaards* Geringschätzung der »Endlichkeit« erwähnt, sagt er von seiner eignen Moral: »Sie gesteht, dass derjenige, dem die Endlichkeit im Ernst ein Schatten und ein Schein ist, ausserhalb der Gewalt der Gesellschaft steht; er ist über die Moral erhaben« (123). Von dem Reichen heisst es ebenso niederschlagend: »Die öffentliche Meinung wirkt zunächst durch Isolation des Verbrechers; der Reichtum besitzt aber solche Fähigkeit, sich mit Gesellschaft zu umgeben, dass die öffentliche Meinung sich ihm gegenüber äusserst machtlos fühlt« (154). Sollte ähnliches nun aber nicht auch von dem Vornehmen, dem Berühmten u. s. w. gelten? Und sollte der Arme, der Geringe, der Unberühmte nicht einen ähnlichen Schutz an dem Umstande haben, dass die öffentliche Meinung sich mit ihm gar nicht ernstlich beschäftigen mag? Sollte unter den heutigen Menschen das Bewusstsein überhaupt nicht ziemlich allgemein sein, dass die öffentliche Meinung in den allermeisten Fällen nur so oberflächlich Bescheid weiss, dass es sowohl komisch als leichtfertig von ihr wird, ein Urteil fällen zu wollen? Ja, sollte die öffentliche Meinung häufig nicht selbst so klug sein, dass sie dies weiss und deshalb durchaus davon absteht, als Hüterin der Moral aufzutreten, aus Schreck, dem wohlbekannten Begriffe eines »Tugenddrachen« zu verfallen?

Somit wird der aufgestellte Moralbegriff ganz sicher unvermeidlich bis zur reinen Polizeimässigkeit einschrumpfen. *Bang* hat dies nur nicht recht bemerkt, weil er in der Tat ausserdem noch einen ganz anderen Moralbegriff hat, der augenscheinlich die Mängel des ersteren unwillkürlich verschleiert und verdeckt hat, ohne jedoch mit demselben verschmelzen zu können. Dieser neue Begriff kommt zum Vorschein, wo *Bang* sich im Schlusse seines Buches an die Untersuchung des menschlichen Pflichtbewusstseins und Pflichtgefühls macht. »Die Erkenntnis der Abhängigkeit als unumgänglicher Lebensbedingung,« heisst es hier (162—163), »ist der erste Schritt zur moralischen Erkenntnis, zur Bildung eines persönlichen moralischen Bewusstseins.« »Dieses [Gefühl] ist nicht das Gefühl der Abhängigkeit von einer bestimmten äusseren Autorität, sondern ein Gefühl, hervorgerufen durch die klare Erkenntnis, dass die Abhängigkeit überhaupt eine notwendige Lebensbedingung ist, der man sich zu unterwerfen hat.« »Der Einzelne unterwirft sich den Forderungen der Gesellschaft, jedoch nur unter der Bedingung, dass dieselben mit einem anerkannten Prinzip übereinstimmen, und er gesteht keiner Autorität die Alleinberechtigung zur Auslegung dieses Prinzipes ein; selbst entscheidet er, welche Forderungen an ihn sich aus dem Prinzipe herleiten lassen, mit der Verpflichtung natürlich, die Richtigkeit seiner Auffassung mit klaren Gründen darzulegen; der Einzelne gibt sich selbst Gesetze im Namen der Gesellschaft.«

Das ist, wie man sieht, etwas ganz anderes als vorher. Ich soll jetzt nicht mehr mit den Wölfen heulen, unter denen ich mich befinde, oder mich davonmachen, sondern es wird mir moralisch gestattet, mich zu betragen, wie ich selbst es für richtig halte, wenn ich nur klare Gründe gebe. Unklar ist nur noch, wem ich diese klaren Gründe geben soll (— der öffentlichen Meinung? — in der Kölnischen Zeitung?), und von wem das »Prinzip« »anerkannt« sein soll (— von einer Generalversammlung? — wo auch »das Schwein und der Thor« stimmen dürfen?). Doch, der Verfasser hat gewiss nicht die Absicht gehabt, das Individuum mit diesen Worten alles dessen wieder zu berauben, was er ihm mit der anderen Hand gibt. Im Gegenteil, er geht zum direkten Hervorheben der Selbständigkeit des Individuums über, indem es zum Schlusse heisst: »Im Pflichtverhältnisse bin ich mir meiner bewusst nicht nur als abhängig, sondern auch als selbständig inmitten der Abhängigkeit.« »Die moralischen Gesetze werden im Namen der Gesellschaft von mir selbst gegeben.« »Der Anschluss meines Gefühls an die moralischen Gesetze ist deshalb eine Achtung, die ich mir selber erweise« (163).

Sowohl *Kant* als *Adam Smith* würde finden, dass dies vortreffliche Rede sei. Denn »die öffentliche Meinung« ist nun als höchstes Gericht abgesetzt, und der Kampf, der ethische Kampf, ist ein Kampf zwischen mir selbst und dem Vertreter der idealen Gesellschaft in meinem Inneren geworden, dem »homo noumenon« oder dem »unparteiischen Zuschauer«, der vorhin verworfen wurde. Wenn dieser Vertreter früher ein Schatten ohne Macht genannt wurde, so war das ganz unbesonnen gesagt, denn er nicht nur repräsentiert »eine lebendige Wirklichkeit«, sondern ist auch eine solche, an die wir sowohl »mit Blut als mit Nerven« geknüpft sind, und auch *Bang* weiss, dass derselbe bei den verschiedenen Menschen in allen möglichen Stärkegraden auftreten kann, wodurch es uns gerade erklärlich wird, dass auch das ethische Betragen in höchst verschiedenen Graden zu finden ist. Und ebensowenig zutreffend war der andere Einwurf, die Phantasie könne sich kein solches Gebilde gestalten; denn die Phantasie braucht sich gar keine Mühe zu geben. Das Gebilde soll nicht gestaltet werden, — es existiert, wie wir sehen werden, mehr oder weniger machtvollkommen in jeder menschlichen Seele. Auch *Bang* kennt dasselbe sehr gut und hat es selbst in seiner Abhandlung mit dem rechten Namen benannt. —

Bangs Abhandlung ist eine höchst scharfsinnige und konsequente Arbeit, und wenn sein erster Moralbegriff seine äusserst eigentümliche einseitige Gestalt erhalten hat, ist das wohl darin begründet, dass der Verfasser gleich von Anfang an seine Aufgabe verkehrt angefasst hat. Diese erste unglückliche Richtung hat darauf das meiste des Übrigen nach sich gezogen.

Bang beruft sich auf *Kant* bei der Wahl seines Verfahrens. *Kant* begann aber wirklich nicht mit einer philologischen Untersuchung des Sprachgebrauchs des gewöhnlichen Bewusstseins. Die Menschen sind meist viel besser als ihr Sprachgebrauch, und es wird deshalb am besten sein zu betrachten, was hinter diesem steckt, nachzusehen, ob die Gedanken nicht viel vernünftiger sein möchten als die Worte. Hierzu kommt, dass »das gewöhnliche Bewusstsein« ebenso wie »die öffentliche Meinung« ein äusserst elastischer Begriff ist, der sich u. a. in sehr verschiedenen Höhenstufen nehmen lässt. *Bang* hat dies selbst angedeutet, indem er betont, es gebe Leute, die bei dem »Sittlichen« nur an das Sexuell-moralische denken. Ganz auf dieselbe Weise gibt es Leute, die bei den Bestimmungen »moralisch« und »unmoralisch« nur daran denken, was die öffentliche Meinung rückhaltlos lobt oder verdammt. Macht die öffentliche Meinung keinen Lärm, so finden diese Leute alles in Ordnung. Der Verfasser kennt ja aber auch andere Leute, die zugleich »höhere und feinere« Formen des Moralischen annehmen, und von vornherein ausgeschlossen ist es ja nicht, dass hierin etwas Berechtigtes liegen könnte. Weder die erste noch die letzte dieser drei Klassen von Menschen hat *Bang* aber zu Rate gezogen. Er verweilt einzig und allein bei der mittleren und bekommt deshalb ganz natürlich deren Resultat. Dass er darauf die Meinungen verschiedener Moralphilosophen untersucht, bringt ihn nicht weiter, denn diese Meinungen werden wesentlich eben demgemäss gebilligt oder verworfen, wie gut oder schlecht sie mit dem gefundenen Begriffe übereinstimmen, und die darauf folgende kritische Prüfung beschränkt sich in der Tat auf eine leichte Untersuchung, ob der gefundene Begriff einen inneren Widerspruch enthält oder nicht. Wollte jemand erst das populäre Bewusstsein fragen, was es sich unter dem Begriffe »Säugetier« denke, darauf den Zoologen vorwerfen, dass sie auch die »Walfische« zu dieser Klasse zählten, und endlich prüfen, ob irgend etwas Ungereimtes darin liege, den Namen »Säugetier» auf Kühe und Schafe, Hunde und Katzen u. s. w. anzuwenden, so würde er es so ziemlich ebenso machen wie *Bang*. Ein richtiges Resultat würde aber auch jener nicht erzielt haben.

Erst wenn *Bang* sich an die Untersuchung des menschlichen Pflichtgefühls macht, gelangt er über die Grenzen seines Ausgangspunktes hinaus. Das populäre Bewusstsein, mit dem er sich bisher beschäftigte, hat nämlich keine psychologische Analyse des Pflichtgefühls aufgestellt. Hier konnte es ihn daher nicht mehr zurückhalten.

VII.

Das Vorhergehende wird uns gezeigt haben, dass die wirkliche, äussere Gesellschaft gar zu unfertig und unvollkommen ist, um uns unser ethisches Betragen direkt diktieren zu können. Sie kann ihre juristischen und sozialen Forderungen an mich stellen. Erst indem ich diesen meine innere Zustimmung gebe, stehen sie mir aber als ethische Forderungen da. Man könnte dies gern einen analytischen Satz, eine Selbstverständlichkeit nennen. Unter einem ethischen Gebote versteht das reife Bewusstsein nun einmal ein aus dem eignen Wesen des Menschen entspringendes Gebot als Gegenstück irgend eines beliebigen äusseren Befehls. Möglicherweise ist der Begriff »des Ethischen« nun ein verfehlter Begriff; dann wird es aber am richtigsten sein, denselben zu Boden zu schlagen, das Wort »ethisch« aus der Sprache zu vertilgen, diese Benennung aber nicht auf ein völlig Verschiedenes zu übertragen.

Ganz ebenso wie das soziale Gebot muss ich auch das religiöse Gebot ethisch adoptieren, bevor es für mich entscheidende Bedeutung erhalten kann. Eine konfessionelle Ethik, wie z. B. eine christliche oder eine mohammedanische, wird uns hier deshalb ebensowenig zu helfen vermögen wie eine Soziologie. Denn eine christliche Ethik, eine mohammedanische Ethik muss ja eine Lehre von dem rechten Betragen von der Voraussetzung aus sein, dass der christliche bzw. der mohammedanische Glaube berechtigt ist. Wir würden mithin mitten im Problem beginnen statt mit dem Anfange. Dass sowohl das religiöse Bewusstsein als das soziale Bewusstsein des Individuums die allergrösste ethische Bedeutung wird erhalten können, ist etwas ganz anderes.

Unsere bisherigen Untersuchungen haben uns insofern nur Täuschungen gebracht. Es geht nicht an, die ethische Forderung gleich der Forderung der Gesellschaft zu setzen, ja es geht nicht einmal an, sie gleich der berechtigten Forderung der Gesellschaft zu setzen, denn vielleicht erstreckt das Ethische sich weiter. Es geht auch nicht an, zu sagen: Du sollst es der organischen Natur nachmachen und lebensfördernd wirken! Dieser Befehl ist sowohl zu willkürlich als zu vieldeutig. Ebensowenig geht es an, mit völliger Gleichgültigkeit hinsichtlich des Erfolgs zu handeln, was wohl auch kaum möglich wäre. Endlich geht es auch nicht an, das Ethische gleich dem zu setzen, was dem Individuum das Natürlichste, das Ansprechendste ist. Denn soll der Begriff »des Ethischen« nicht vollständig zersprengt werden, so muss es offenbar heissen: Nicht, was das Individuum tatsächlich am meisten anspricht, sondern was es am meisten ansprechen sollte, ist das Ethische.

Wir müssen unsere Untersuchungen daher von neuem beginnen, und, um uns zu orientieren, wird es am besten sein, ein paar allgemeine Bemerkungen vorauszuschicken.

Unsere Hauptfrage war die: Ist eine wissenschaftliche Ethik möglich?

Im Vorhergehenden bestimmten wir nun, was wir unter einer solchen Lehre verstehen wollten. Die Ethik ist — ihre Wirklichkeit vorausgesetzt — eine praktische Wissenschaft, ganz wie jede andere, insofern jede Wissenschaft doch wohl dazu beitragen sollte, Licht über das Leben zu verbreiten, mithin praktischen Nutzen bringen sollte. In anderem Sinne ist sie nicht »praktisch«. Sie ist aber eine Lehre, eine Theorie von dem »Praktischen«, von dem menschlichen Wollen, Handeln, Betragen. Auch die Psychologie ist indes eine Lehre von dem menschlichen Wollen u. s. w., und die Ethik ist deshalb noch etwas enger zu bestimmen. Wie aus der Lehre der Psychologie von dem menschlichen Denken eine speziellere Lehre von dem rechten Denken: die Logik, entspringt, so entspringt aus der Lehre der Psychologie von dem menschlichen Wollen eine speziellere Lehre von dem rechten Wollen: die Ethik. Dieser Disziplin wird also die Aufgabe, wissenschaftlich nachzuweisen, wie sich unter Bezugnahme auf die Menschennatur eine Art des Wollens, eine Art des Betragens muss aufstellen lassen können, die im Gegensatze zu allen anderen Arten die **rechte** genannt werden kann, d. h. **die mit dem innersten bleibenden Wesen des Menschen übereinstimmende, die zuguterletzt widerspruchslose.** An ein solches Betragen dachte das allgemeine Bewusstsein augenscheinlich, als es seine Vorstellungen von dem Ethischen bildete; ein solches Betragen wird deshalb auch **das ethische** genannt werden können, und in demselben Masse, vie es den Vorstellungen des gewöhnlichen Bewusstseins von demselben ähnlich werden wird, sind diese Vorstellungen auch als berechtigt zu kennzeichnen. Dagegen liegt es ganz ausserhalb der Aufgabe der Ethik, dafür zu sorgen, dass die Leute ethisch werden. Nicht einmal die Pädagogik, welche die Lehre, die Theorie ist, wie das rechte Betragen hervorgerufen wird, hat damit zu schaffen, sondern überlässt das dem praktisierenden Pädagogen und den vielen anderen erziehenden Mächten des Lebens. Ebensowenig ist es die Aufgabe der Ethik oder deren Plicht, eine Theorie des Betragens zu gestalten, nach welcher jeder mit Notwendigkeit oder mit grösster Wahrscheinlichkeit ethisch werden müsste. Im Gegenteil! Würde dies das Resultat, so könnte man schon daraus schliessen, dass die Theorie falsch wäre. Denn die Erfahrung lehrt uns mit hinlänglicher Deutlichkeit, dass das menschliche Betragen auf sehr verschiedener ethischer Höhe steht. Auch diese Erscheinung, auch das tatsächliche Vorhandensein des Unethischen muss die Ethik aber zu erklären vermögen. Sie erschaut indes das Unethische mit demselben unparteiischen Interesse wie das Ethische. Sie lobt nicht, sie tadelt nicht, sie »wertet« nicht um das geringste mehr als jede andere Wissenschaft; ja es ist nicht einmal völlig genau, wenn man sagt, sie handle davon, was **sein soll** oder was **sein sollte**. Denn sie weder wünscht noch gebietet. Sie spricht nur die **seiende** Wahrheit aus, dass wer so oder so handelt, in Streit mit sich selbst gerät, während ein anderer, der so oder so handelt, bleibende Übereinstimmung mit sich selbst bewahrt.

So muss die in Frage stehende Disziplin aussehen. Wir schreiten jetzt zu dem Versuche, eine solche aufzubauen.

Das menschliche »Handeln« beginnt, wie die Erfahrung lehrt, äusserst zusammenhanglos. Wie das kleine Kind noch nicht Mensch im eigentlichen Sinne ist, so ist sein Betragen noch kein eigentliches Handeln. Allmählich erst reift das Bewusstsein heran, so dass von eigentlichen Zwecken und von eigentlichem Wollen eines Zweckes die Rede werden kann. Einigen Zusammenhang erhält das uneigentliche Handeln nur, insofern es wesentlich aus Instinkt- und Triebhandlungen besteht, aus Handlungen, zu denen das Kind gleichsam von hinten vorwärtsgestossen wird, ohne einen Zweck vor Augen zu haben, ein blindes Wirken also, das freilich auf die Erhaltung des Individuums abzielt. Sämtliche Formen der primitiven Triebe — dieses Wort im breitesten Sinne genommen — lassen sich bekanntlich in eine einzige zusammenfassen: in den Trieb der Selbstbehauptung.[1] Die ersten zerstreuten Strahlen eines Zweckwollens, die sich in dieses Triebleben einschieben, sind ferner in höchstem Grade an den Augenblick gebunden. Vergangenheit und Zukunft entstehen dem Individuum erst,

---

[1] Vgl. meine »Logik- und Psychologie«, Leipzig 1890, S. 339—345.

wenn sein Vorstellungsleben eine Entwickelung erreicht hat, die es befähigt, sich Erinnerungen und Erwartungen zu bilden. Diese Erinnerungen und Erwartungen sind wiederum wegen der Armseligkeit der Association anfangs schmächtig und blass und deshalb auch nur von einer äusserst dünnen Gefühlsschicht umhüllt. Das Kind sagt mit dem Kierkegaardschen Pseudonymen: »Sofort ist die göttlichste aller Kategorien!« und stimmt vollständig Oehlenschlägers Aladdin bei: »Es dauert so lange bis morgen!« Es ruht daher über dem ersten Auftreten des Kindes ein Schimmer von Egoismus, der jedoch ein falscher Schimmer ist, denn es gebricht noch gänzlich an der Reife des Bewusstseins, die der Egoismus notwendigerweise voraussetzt.

Allmählich erhält indes sowohl die Erinnerung als die Erwartung grössere Fülle und somit ganz natürlich reichere Gefühlsbetonung, und es entsteht jetzt die Möglichkeit, dass dieselben sich dem nur an den Augenblick gebundenen Vorstellen und Fühlen gegenüber geltend machen können. Bei jedem auftauchenden Antriebe erblickt das Individuum jetzt nicht nur die augenblicklichen, sondern auch die fernerliegenden Folgen. Jede dieser Vorstellungsmassen hat ihre Gefühlsatmosphäre, mit der sie als Motiv eines Wollens auftreten kann, und es kann mithin von einem Streit im Individuum, von einem Kampfe zwischen verschiedenen Mächten in dessen Innerem die Rede werden. Verzehrt das Kind gar zu viele dieser wunderschönen grünen Stachelbeeren, so erkrankt es, wie es weiss, muss morgen vielleicht das Bett hüten, statt im Freien herumzulaufen, ja wird vielleicht nicht einmal wieder in den Garten gelassen, bis alle Stachelbeeren verschwunden sind. Das breitere Zukunftsinteresse steht auf diese Weise dem engeren Augenblicksinteresse feindlich gegenüber, welches letztere indes wegen seiner sinnlichen Unmittelbarkeit mächtig wirkt.

Wie leicht zu ersehen, haben wir hier aber schon den ersten Anlauf zu einer ethischen Situation. Das Individuum hat sich als ein zusammengesetztes Wesen erwiesen; es ist gleichsam zweiteilig. Es gibt hier die Möglichkeit eines **Augenblickswollens**, und es gibt die Möglichkeit eines relativen **Totalitätswollens**. Der Augenblick kann als souverän, als absolut, als aus aller Verbindung mit den künftigen Augenblicken losgerissen Huldigung finden, es kann ihm aber auch als Glied der ganzen Reihe von Augenblicken, die das Leben ausmachen, gehuldigt werden. Ersteres ist ein **Widerspruch**, denn der Augenblick ist nicht souverän, steht nicht auf seinen eignen Beinen, sondern ist mittels Tausender von Fäden mit den folgenden Lebensaugenblicken verwoben. Letzteres ist ein erster primitiver Ausdruck für »das Rechte«, für ein Wollen dem Gesetze meines Wesens gemäss, ein erster Schritt in der Richtung des Allgemeinhandelns, des »eines wollen«. Schon hier liegt der Gegensatz ethisch-unethisch im Keim. Das Ethische ist nicht, den Augenblick zu **verleugnen**. Auch dies würde ein Widerspruch sein, denn das Leben besteht nur aus Augenblicken. Es ist aber das Ethische, **den Augenblick als Glied zu wollen**. Diese Berücksichtigung auch der Zukunft ist eine Selbstüberwindung, ein Sieg, den die Einheit meines Wesens über die Mannigfaltigkeit davonträgt, eine Einübung des Sichselbstgebietens, das auch zur Erhöhung meiner ethischen Beschaffenheit seinen wenn auch unendlich kleinen Beitrag leisten wird.

Sind die Stachelbeeren mein Eigentum, so wird die Gesellschaft wahrscheinlich weder die Forderung, dass ich dieselben essen, noch dass ich sie nicht essen solle, an mich stellen. Hierauf kann man sich aber offenbar nicht beziehen, wenn man die Grenze des Ethischen abstecken will. Auch die Selbstbeherrschung, das Sichselbstgebieten, die Pflege der Gesundheit und der Stärke haben doch ganz augenscheinlich ethischen Wert; ja alle diese Eigenschaften des Individuums werden zuletzt im allgemeinen doch auch eben der Gesellschaft zu gute kommen.

Man könnte gegen das soeben Entwickelte möglicherweise den Einwurf erheben, der allgemeinere Zweck sei keineswegs ohne weiteres für mehr ethisch zu halten als der engere. Beherrscht der Geizhals den Augenblick und unterwirft er sich Kummer und Leiden, um immer mehr Geld zusammenzuscharren, so handelt er offenbar doch nicht ethisch. — Dies ist an und für sich wahr, der Einwurf ist aber dennoch verfehlt. Auch die Selbstbekämpfung des Geizhalses ist eine an und für sich wertvolle Handlung, freilich aber im Dienste einer schlechten Sache. Wir lernen hieraus, dass wir der Bestimmung des Ethischen noch nicht auf den Grund gekommen sind; eines wollen ist noch nicht das Rechte wollen. Bisher haben wir das Ethische nur von einer einzigen Seite aus betrachtet, sozusagen dessen eine Dimension bestimmt — es hat aber auch noch eine andere. Das Ethische ist eine Art Überwindung nicht nur der Äusserlichkeit der Zeit, sondern auch — man gestatte mir einen unschädlichen bildlichen Ausdruck — der Äusserlichkeit des Raumes. Bisjetzt beschäftigten wir uns nur mit der Zeit. Das obengenannte Individuum stand in gewissem Sinne für sich allein im Dasein. Es war keine Rede von anderen lebenden Wesen, von keinem Gebot oder Verbot der Eltern oder ähnlichen Dingen. Diese Einseitigkeit müssen wir entfernen.

Vorerst aber noch eine Bemerkung mit Bezug auf das Vorhergehende! Dieses zeigte uns, dass die **Behauptung des Augenblicks** oder, genauer, die absolute Behauptung des Augenblicks einen Widerspruch enthält. Den Augenblick kann ich ohne Widerspruch nur als Glied der Lebenstotalität behaupten, weil der Augenblick tatsächlich nur ein Glied ist. Dies wird mir klar einleuchten, sobald ich es ruhig und objektiv überlege, und ich muss deshalb das Urteil bilden: So musst du offenbar handeln, wenn du dein eignes Wohl willst, d. h. wenn du der Täuschung und dem Schmerze entgehen willst, die mit dem Widerspruch verbunden sind! — Da es nun kraft der Uranlage des Daseins gegeben ist, dass jedes fühlende Wesen sein eignes Wohl will, wenn es aus Verblendung auch oft in entgegengesetzter Richtung handelt, **so lässt dieses hypothetische Gebot sich wieder in das kategorische umschreiben**: So musst du offenbar handeln! Dieses »musst du« hat anscheinend noch nicht die volle ethische Klangfarbe, und mancher möchte es vielleicht ein dürftiges »**Muss der Klugheit**« nennen; auf diesen und auf andere naheliegende Einwürfe werden wir später indes zurückkommen. Hier betonen wir nur, dass die genannte Einsicht mehr oder weniger deutlich im Bewusstsein jedes normalen Individuums auftreten muss. Damit ist aber keineswegs gegeben, dass sie der momentanen Forderung gegenüber mit hinlänglicher Klarheit und genügendem Gefühlstone in der Hitze des Streites, im Augenblicke des Handelns auftreten wird, und ob mein tatsächliches Betragen in dieser oder in jener Richtung gehen wird, ist deshalb noch unsicher. Sowohl das ethische als das unethische Wollen steht als möglich da.

Bevor wir diesen Umstand weiter verfolgen, müssen wir jedoch die soeben erwähnte Einseitigkeit aufheben.

Das Individuum steht im Dasein nicht allein, sondern findet sich stets in einen Kreis anderer lebenden und fühlenden Wesen gestellt, vor allen Dingen in die menschliche Gesellschaft, deren es selbst ein einzelnes Glied ist. Selbst wenn es ihm gelingen sollte, das durchgängige Ich im Gegensatze zum momentanen Ich zu behaupten, würde es darum doch dem Widerspruch nicht entgehen, wenn es dieses Ich nur in dessen Isolation behauptet. Denn auch das durchgängige Ich ist nicht souverän. Dieses ist wieder nur ein Glied einer grösseren Totalität und mittels vielfacher Bande mit dieser verknüpft, die, wie schon angedeutet, im eignen Inneren des Ich ihre Vertreter, ihre Fürsprecher hat. Diese Fürsprecher werden sich deshalb wider die isolierte Selbstbehauptung erheben und fortwährend mit grösserer oder geringerer Stärke suchen, dieselbe zu dem allgemeinen Handeln umzugestalten, das nicht nur sämtliche Augenblicke des Lebens berücksichtigt, sondern auch das Wohl sämtlicher Menschen, im weitesten Sinne sogar das Wohl sämtlicher fühlenden Wesen.

Es gibt besonders drei derartige Mächte im Individuum, die jede auf ihre Art dazu beitragen, diese wahre Selbstbehauptung zu erzeugen.

Die erste derselben ist die einfache, rein selbstsüchtige Berechnung, die mich belehrt, dass ich eine gewisse Rücksicht auf meine Mitmenschen zu nehmen habe, da diese mir in der Regel mit gleicher Münze zahlen werden. Natürlich wird dieser Faktor für sich allein nie zum Ethischen führen. Es wird ein Anschein eines allgemeinen Handelns entstehen und sonst nichts. Da nur die Furcht vor Vergeltung und Strafe mich antreibt, werde ich meinem Handeln die ethische Form geben, wo ich es nicht zu unterlassen wage; dem Wehrlosen und Schwachen gegenüber werde ich es vielleicht aber ganz anders machen. Besonders sind es natürlich die Gebote und die Verbote der organisierten Gesellschaft, mit denen in Übereinstimmung zu leben ich mich aufgefordert fühlen werde. Wir können deshalb das Betragen, das durch diese Macht erzeugt werden kann, das legale nennen. Bis zum Ethischen selbst gelangen wir, wie gesagt, nicht; eine erste Behandlung mittels des Schrobhobels als Vorbereitung auf das Ethische können wir aber auf Rechnung dieser Macht schreiben.

Die zweite Macht im Individuum, die dieses über die isolierte Selbstbehauptung hinaus zu führen versuchen wird, ist der Inbegriff der verschiedenen tuistischen oder sozialen Triebe, die sich in höherem oder geringerem Grade bei jedem Menschen geltend machen. Wir leiden, wenn wir andere leiden sehen, und helfen ihnen deswegen nach Kräften, rein unmittelbar, ohne Berechnung. Das Band zwischen Eltern und Kindern, die gegenseitige Anziehung der beiden Geschlechter, die unwillkürlich gefühlte Sympathie für andere, bei denen ich z. B. meine Meinungen und Neigungen wiederfinde, u. s. w. u. s. w., dies alles sind Faktoren, die unter diese Macht fallen. Kraft dieses sympathischen Bandes wird eben die Rücksicht auf die Gebote und Verbote der Gesellschaft, auf das Lob und den Tadel meiner Mitmenschen eine neue Färbung erhalten, so dass ich mein Betragen danach einrichte, nicht mehr allein aus Furcht und mit Unwillen, sondern mehr oder weniger unmittelbar und willig, indem der Befehl nun nicht mehr dieselbe Äusserlichkeit hat wie vorher. Das Äussere und das Innere sind in der Einheit der Sympathie gleichsam miteinander verschmolzen.

Auch diese Macht wird uns aber nicht ganz bis ins Ethische hineinführen können. Neben der unwillkürlichen Sympathie besteht die unwillkürliche Antipathie, die sich ebenfalls in jedem Individuum zur Geltung bringt und der Sympathie feste, vielleicht sogar ziemlich enge Grenzen absteckt. Wo man das ethische Betragen auf die Sympathie allein zu begründen gesucht hat, legte man deshalb immer viel mehr in diesen Ausdruck hinein, als der gewöhnliche Sprachgebrauch es mit sich bringt. Die Sympathie kann mich bewegen, meine Freunde zu lieben; zugleich hasse ich vielleicht aber meine Feinde und hege Antipathie gegen alle Andersmeinenden und Andersfühlenden. Die Grenzen meines Wohlwollens und meines Rücksichtnehmens werden sich freilich fortwährend erweitern können; ob dies aber geschieht, wird in hohem Grade auf Zufälligkeiten beruhen. Wie die erste Macht uns zur Legalität führen konnte, kann diese zweite Macht uns zu dem führen, was man Sozialität, Liebenswürdigkeit nennen möchte. »Was für ein liebenswürdiger Mensch«! bricht die öffentliche Meinung vielleicht aus. Die öffentliche Meinung kann aber, wie gesagt, kein ethisches höchstes Gericht sein, und in dem möglicherweise gewonnenen Standpunkte liegt noch etwas Ästhetisch-Unzuverlässiges, über das wir hinweg müssen.

Es findet sich nun aber auch in jedem menschlichen Individuum noch eine dritte Macht, die wichtigste und wesentlichste unter allen drei: das Gewissen. Indem wir diesen Faktor einführen, gilt es jedoch, achtzugeben, dass wir uns nicht in einem Kreise drehen. Denn das Gewissen im weitesten Sinne ist ja eben der Inbegriff all unserer halbbewussten und völlig klaren Gedanken von dem ethischen Betragen nebst den damit verknüpften Gefühlen der Lust und der Unlust, mithin ein äusserst zusammengesetzter, konkreter Faktor, an und für sich bereits ein wesentliches Stück des Charakters des Menschen. Im kleinen Kinde ist dieser Faktor noch nicht vorhanden; Schritt für Schritt wird er während der Entwickelung des Lebens aufgebaut, anfangs ganz und gar durch die Einwirkungen der Aussenwelt, fortwährend unter beständiger Wechselwirkung mit diesen. Er ist also in hohem Masse ein geschichtlich bestimmtes Gefühl, das mit Ort und Zeit und von Individuum zu Individuum wechselt, und es sieht deshalb aus, als wäre es ein unvernünftiges Verfahren, sich auf sein Zeugnis zu berufen, wenn es darauf ankommt, das rechte Betragen zu ermitteln, zu erfahren, ob es überhaupt ein solches gibt, und in bejahendem Falle: ob dieses denn mit dem Betragen zusammenfällt, welches die Menschen nun einmal das ethische getauft haben. Denn gerade unter dem Einflusse der geschichtlich vorliegenden Anschauungen vom Ethischen ist das Gewissen ja im Menschen hervorgerufen und ausgestaltet worden, und es kann daher weder besonders überraschend noch entscheidend sein, dass es wiederum als eine Macht im Gemüte dasteht, die eben dieses Betragen erheischt.

Ja, die Schwierigkeiten scheinen sich noch viel weiter zu erstrecken. Denn ist das Gewissen ein solches, geschichtlich bedingtes Gefühl, eine Art Kunsterzeugnis, so müssen wir ja erwarten, allerlei höchst verschiedene Formen des Gewissens anzutreffen, so verschiedene, dass es uns, selbst wenn wir unser Interesse auf die mehr zivilisierte menschliche Gesellschaft beschränken und den »primitiven Mann« als noch nicht völligen Menschen[1]) ausser Betracht lassen, doch leicht ergehen könnte, wie es uns oben zu gehen drohte: wir würden, den verschiedenen Arten von Gewissen entsprechend, eine Menge Ethiken bekommen: die Ethik des Räubers, die des Diebes, des Lügners, des braven Mannes und noch viele andere. Damit würde unsere Aufgabe freilich auch ihre Lösung gefunden haben, denn sie lautete ja gerade: Ist die Vorstellung des Ethischen eine geschichtlich zufällige Vorstellung, oder ist das Ethische ein mit dem innersten bleibenden Wesen des Menschen notgedrungen Zusammenhangendes, ein in allen wesentlichen Zügen konstanter Ausschlag der sämtlichen Individuen gemeinsamen Grundlage?

Indes scheint wirklich letzteres der Fall zu sein. Wenn gewisse wilde Völkerschaften ihre bejahrten Eltern schlachten und verzehren, »damit die Würmer ihrer nicht habhaft werden«, so ist das beim ersten Anblick allerdings eine etwas befremdende Erfüllung des Gebotes: Du sollst Vater und Mutter ehren! Sieht man näher

---

[1]) Und den vermeintlichen italienischen »homo delinquens« als nicht Menschen mehr, könnte man hinzusetzen.

nach, so schimmert jedoch die Gemeinschaftlichkeit hindurch, und ähnlicherweise verhält es sich gewiss überall. Erweisen die Verschiedenheiten zwischen Mensch und Mensch sich oft als so absolut gross, dass alle Einheit verschwunden zu sein scheint, rührt das gewiss zum grossen Teil daher, dass die Verschiedenheiten eben das dem Äusseren Zugekehrte, das Peripherische sind. Das Zentrale sieht man, gerade weil es das Zentrale ist, lange nicht so direkt, und man wird hierdurch leicht zu dem Glauben versucht, dass es gar nicht existiere. Es ist indes ja festgestellt, wie bereits bemerkt, dass jedes lebende Wesen, das unter den psychologischen Begriff »Mensch« gehören soll, im Besitz aller der aus der Psychologie bekannten Merkmale sein muss. Dasselbe muss ein vorstellendes, fühlendes, wollendes Wesen sein; sein Vorstellen, Fühlen und Wollen müssen den gewöhnlichen wohlbekannten Gesetzen gehorchen; es muss dieselben Formen der sinnlichen Wahrnehmung, der Association, des Denkens, des Fühlens, dieselben Instinkte, Triebe u. s. w. u. s. w. besitzen, wie jedes andere Exemplar der Gattung, kurz, die Grundelemente und die Grundtätigkeiten müssen in allen menschlichen Individuen dieselben sein, selbst wenn die nach aussen gekehrten Erscheinungen sich noch so verschieden ausnehmen.

Und etwas ganz Ähnliches muss notwendigerweise von demjenigen Bau im Menschen gelten, den wir dessen Gewissen nennen. **Auch hier werden wir bei näherer Betrachtung etwas Wechselndes und etwas Bleibendes, ein Peripherisches und ein Zentrales finden.** Es verhält sich richtig, dass im kleinen Kinde noch keine Spur von Gewissen anzutreffen ist; dieser äusserst zusammengesetzte Faktor ist weder ein verborgen noch ein offenkundig »angeborenes Vermögen« des Menschen. Hieraus folgt aber noch nicht, dass er eine geschichtlich-zufällige Hinzufügung zum Wesen des Menschen ist, eine Zugabe, die kommen oder ausbleiben oder jede beliebige aller möglichen Gestalten annehmen könnte. Auch vom sexuellen Triebe zeigt das kleine Kind keine Spur; dessen Bedingungen, dessen Elemente sind aber so vorhanden, dass er später eintritt, und zwar mit Notwendigkeit und im wesentlichen auf eine und dieselbe ganz bestimmte Weise. Etwas Ähnliches gilt vom Gewissen. Dieses ist aus dem Denken und dem Gefühl aufgebaut. Beide diese Arten von Elementen werden sich aber mit Notwendigkeit einstellen, und aus denselben lassen sich freilich sehr verschiedene Bauten aufführen; man kann aber nicht alles Beliebige aus ihnen erbauen. Auch aus gewöhnlichen Backsteinen kann man einen anscheinend cylindrischen Brunnen oder Schornstein bauen; sieht man aber näher nach, so werden sich allenthalben die geradlinigen Formen der Steine geltend machen. Ebenso wird die Ureigentümlichkeit des Denkens sowohl als des Fühlens an zahlreichen Punkten in jeder noch so eigentümlichen Form des Gewissens auf entscheidende Weise zum Durchbruch kommen. Das Denken ist bekanntlich der objektive, der allgemeine Faktor des Menschen. In der Phantasie hat jedes Individuum seine Welt; die Welt des Denkens ist aber nur eine einzige — wenn anders richtig, d. h. der eignen Natur des Denkens gemäss gedacht wird. Am Denken haben wir daher den ersten primitiven Ausdruck für den »homo noumenon«, den »unparteiischen Zuschauer«, den dem Menschen innewohnenden »Vertreter der Menschheit«, den alle Philosophen von Platon an bis zu den allerjüngsten unter höchst verschiedenen Namen angenommen und besprochen haben. Das Denken ist aber noch nicht der gesamte Vertreter; auch das Gefühl muss hinzukommen, wie wir sehen werden; einstweilen betrachten wir aber das Denken allein. Nehmen wir nun ein eigentümliches Gewissen vor, z. B. das eines italienischen Räubers! Er findet z. B. in seinem Gewissen, dass es besonders verdienstlich ist, möglichst viele seiner Mitmenschen zur Zielscheibe zu nehmen. Jedesmal tut er dies aber vielleicht mit einem Gebet zur Madonna, sie möge ihm doch ja die Gunst erweisen, dass er gut treffe und somit seine Schuldigkeit im vollsten Masse erfülle. Ganz wie *Kant* und sonst jeder hat er ein Gefühl, dass man hier in der Welt Pflichten habe; auch er bestrebt sich, das Verdienstliche zu tun; es ist nur seine Definition des Verdienstlichen, die eine kleine Missweisung geschichtlich-zufälligen Ursprungs enthält. Den Kameraden gegenüber ist sein Gerechtigkeitsbewusstsein und Gerechtigkeitsgefühl vielleicht sowohl klar als lebhaft, den Hilflosen und Schwachen erweist er vielleicht sowohl Mitgefühl als Selbstverleugnung, und sollte dies auch nicht der Fall sein, hätten wir uns zu denken, dass er in noch höherem Grade von dem Durchschnittlichen abweiche, so ist doch soviel sicher, dass er fortwährend in allem Wesentlichen ein Mensch wie alle anderen Menschen ist. Es geht mit einem solchen Individuum fast wie mit einer Uhr, welche eine ganz verkehrte Zeit angibt. Sie hat dieselben Räder, dieselbe Anzahl Zähne, überhaupt dieselbe Maschinerie wie jede andere Uhr, und wie jede andere Uhr geht sie nicht durchaus genau; vielleicht verliert sie täglich ein Dutzend Sekunden. Wird sie nun aber niemals geregelt, ja, dann kann sie eines schönen Tages sechs Uhr zeigen, während die meisten anderen zwölf Uhr angeben.

Wieviel folgt nun hieraus?

Zwei Dinge können wir meines Erachtens mit Recht feststellen. Erstens: Alle tatsächlich vorkommenden Gewissen sind als Varietäten einer einzigen Art und nicht als verschiedene Arten zu betrachten. Auch Varietäten derselben Art können bei oberflächlicher Betrachtung ja äusserst verschieden sein, während im mehr Zentralen dennoch Einheit stattfindet. Und zweitens: Wie man in der Tier- und der Pflanzenwelt oft von der reinen Art im Gegensatz zu den mehr oder weniger abweichenden Varietäten redet, so muss man auch eine Form des Gewissens aufstellen können, die man das wahre, das ideale Gewissen nennen könnte, das Gewissen, wie es sich würde ausgestaltet haben, wenn die Umstände stets die möglichst günstigen gewesen wären, oder **das Gewissen, so wie der Forscher es zeichnen muss, wenn er jeden Widerspruch mit dem fundamentalen Wesen des Menschen fernhalten will.**

Das heisst: Es muss in jedem menschlichen Gewissen z. B. ein Stückchen Gerechtigkeitsbewusstseins zu finden sein. Dasselbe kann äusserst schwach hervortretend und äusserst begrenzt sein, indem es sich vielleicht nur auf die allernächsten Gleichgesinnten erstreckt. Kein menschliches Wesen wird aber von Grund aus der Ungerechtigkeit als Grundsatze zu huldigen vermögen, bestünde sein tatsächliches Handeln auch aus lauter Ungerechtigkeiten. Sogar Shakespeares Richard III fasst seine Handlungsweise ja als eine Art gerechter Rache am Dasein auf, weil dieses ihn so abstossend gebildet hat. Und umgekehrt: je mehr das Individuum mit dem Fundamentalen des menschlichen Wesens in Harmonie steht, um so stärker wird sein Gerechtigkeitsbewusstsein sein. Dasselbe gilt von der Billigkeit, die ja weiter nichts ist als Gerechtigkeit in einer höheren Potenz, Gerechtigkeit, wenn alle konkreten Umstände hinlänglich mit in Betracht gezogen werden. Als dem Denken voller Widerspruch erscheinend müssen Ungerechtigkeit und Unbilligkeit stets mehr oder weniger verleugnet werden. Je mehr Unklarheit im Individuum ist, um so schwächer wird dies geschehen, — um so kräftiger aber, je mehr Klarheit gefunden wird.

Ganz einfach weil der Mensch fundamental betrachtet **ein denkendes Wesen** ist, wird er also gezwungen, sich die ersten und wesentlichsten **Denkelemente** eines allgemeinen menschlichen Gewissens zu bilden. Selbst in den Herzen der Heiden steht, wie der Apostel sagt, das Gesetz geschrieben.

Diesen ersten Denkelementen des Gewissens werden sich aber die rechten **Gefühlselemente** anschliessen, eben infolge des Umstandes, dass alles noch so primitiv, so urmenschlich ist. Erst auf den weit mehr konkreten und zusammengesetzten Gebieten treten die entscheidenden Irrtümer und die widerspruchsvollen Verteilungen des Gefühls auf. Die primitive Vorstellung selbst, dass man Gerechtigkeit übt, wird lustbetont sein, die primitive Vorstellung, dass man Ungerechtigkeit übt, dagegen unlustbetont kraft der einfachen, der fundamentalen Gefühlsgesetze, die das Lustgefühl an das mit sich selbst Übereinstimmende, das Unlustgefühl an das sich selbst Widersprechende knüpfen. Dies schliesst keineswegs aus, dass sich wegen Verrechnens die **konkrete** Ansicht bilden kann, es sei eine Art höchster Gerechtigkeit, möglichst viele seiner »schlechten« Mitmenschen zu erschiessen, und wenn man so will, kann man dieses Verrechnen sogar sehr menschlich nennen. Nur muss man zugeben, dass es doch ein Verrechnen ist; irgendwo findet sich hier ein Widerspruch mit dem zentralen Wesen des Menschen. Denken wir uns nun aber alle derartigen Verrechnungen ausgeschlossen, so gelangen wir offenbar zu einer Grundform des menschlichen Gewissens, die füglich, eben weil der Ausschluss der Widersprüche vorausgesetzt wird, die echte, die ideale heissen könnte.

Ferner ist es klar, dass das Individuum in demselben Masse, in welchem dieses ideale Gewissen in ihm vorhanden ist, zu einem Handeln angespornt wird, das in allen wesentlichsten Zügen gerade ein solches ist, welches das allgemeine Bewusstsein das ethische nennt, zu einem Handeln, welches das Wohl sämtlicher fühlenden Wesen ins Auge fasst. Im Abstrakten wird sich offenbar kein Unterschied geltend machen. Erst wenn wir uns daran machen wollten, im einzelnen auszugestalten, was unter dem allgemeinen Wohl, dem Wohl sämtlicher fühlenden Wesen zu verstehen sei, würden sich vielleicht an diesem oder jenem Punkte Nichtübereinstimmungen zwischen der von dem allgemeinen Bewusstsein und der von dem idealen Gewissen gegebenen Auslegung des Ausdrucks zeigen, und alsdann müssten wir selbstverständlich die Auffassung des allgemeinen Bewusstseins an dem betreffenden Punkte als einen Irrtum, eine geschichtlich bedingte Missweisung kennzeichnen. Von solchen Einzelheiten reden wir aber noch nicht.

Dagegen können wir jetzt unseren obigen Gedankengang wieder aufnehmen und zum vorläufigen Abschluss bringen, indem wir aufs neue hervorheben, dass als die dritte und wesentlichste Macht im Individuum, die dieses über die isolierte Selbstbehauptung hinaus zu führen sucht, das Gewissen dasteht. Es hat sich nun erwiesen, dass dieses mehr ist denn ein geschichtlich zufällig im Menschen entstandener Faktor; dasselbe kann hie und da freilich sowohl verkümmerte als auch äusserst wuchernde Formen annehmen, es kann sich aber auch, wie die Erfahrung lehrt, dem idealen Gewissen unbegrenzt nähern und solche Klarheit und Wärme bekommen, dass es im allerhöchsten Grade das Betragen des Individuums gestalten wird. In solchem Falle hat es sämtliche andere Mächte und Antriebe im Menschen in seine Dienste genommen und jedem derselben je nach dessen Verhältnisse zur Totalität Spielraum und Einfluss gewährt; die sympathischen Regungen, die religiösen Anschauungen und Gefühle, kurz, alles, was auf das Ethische gerichtet ist oder gerichtet werden kann, wird einem solchen Gewissen als Moment seiner Tätigkeit einverleibt werden; es wird das Salz im Charakter des Menschen, wie jenes primitive Gerechtigkeits- und Billigkeitsgefühl das Salz seines eignen Wesens war.

Die genannten drei Mächte im Menschen werden mithin bemüht sein, das Betragen des Individuums Schritt für Schritt dem Ethischen näher zu bringen, demselben die »räumliche Erweiterung«, die Erweiterung auf das Wohl aller Menschen zu geben, die wir vorher vermissten. Und alle wirken sie kraft des Widerspruchs. Das Individuum gerät mit sich selbst in Widerspruch, wenn es jener selbsüchtigen Berechnung nicht gehorcht, denn es zieht sich dann die äussere Strafe und das begleitende innere Leiden zu. Es gerät in Widerspruch mit sich selbst, wenn es seine sympathischen Gefühle verleugnet, denn auch hierdurch verschafft es sich selbst Leiden. Endlich kommt es mit sich selbst in Widerspruch, wenn es den Geboten des Gewissens nicht gehorcht, denn dadurch verschafft es sich selbst das Unlustgefühl, welches das »böse Gewissen« begleitet oder dieses bildet.

Es gibt aber auch Kräfte im Menschen, die in entgegengesetzter Richtung wirken. Wie die Augenblicksforderung, wie der Leichtsinn und die Ungeduld des Menschen zu verhindern suchten, dass der Zweck sich auf sämtliche Lebensaugenblicke erweiterte, so wird der menschliche Egoismus sich der Erweiterung des Zweckes auf das Wohl aller Menschen entgegenstellen. Wie die Handlung im einzelnen Falle wird, und wie das Betragen überhaupt wird, bleibt deshalb fortwährend unsicher. Nur was bereits oben hervorgehoben wurde, können wir hier nochmals betonen. Mit grösserer oder geringerer Kraft und Klarheit wird das Individuum zu der Einsicht bewogen: So musst du handeln, wenn du dein eignes Wohl willst, d. h.: So musst du handeln! In den ruhigeren Augenblicken der Selbstbesinnung ist dieser Gedanke verhältnismässig klar gegenwärtig und deshalb am stärksten gefühlsbetont. Im Augenblicke des Handelns ist er vielleicht aber nur schwach und unbetont zugegen, und die Entscheidung wird dann in unethischer Richtung gehen können.

Man kann sich von den hier beschriebenen Verhältnissen ein geometrisch anschauliches Bild machen. Zeichnet man über der Grundlinie AB ein Quadrat oder Rechteck von der Höhe AC oder BD, so kann der Punkt A das menschliche Handeln auf der primitivsten Stufe bezeichnen, nämlich die vom kleinen Kinde unternommene Behauptung des momentanen isolierten Ich, während der

Punkt B das auf sämtliche Augenblicke und Punkt C das auf sämtliche Individuen **einseitig** erweiterte Handeln angibt. Punkt D wird dann das sämtlichen Augenblicken und sämtlichen Individuen korrespondierende ideale ethische Handeln und die Diagonale von A bis D den **idealen** ethischen Entwickelungsgang angeben. So weit gelangt indes niemand, der Mensch bleibt immer eine Strecke hinter dem Ideal zurück. Der **tatsächliche** Entwickelungsgang wird für jedes Individuum eine Kurve **innerhalb** der Figur[1]), von A mehr oder weniger weit nach D hinüber, bald in einer, bald in einer anderen schrägen Richtung. Zunächst längs AB verläuft die Kurve für die egoistisch-berechnende, zunächst längs AC die Kurve für die leichtsinnig-wohlwollende Natur.

VIII.

Im Vorhergehenden bestimmten wir das ethische Betragen als das zuguterletzt widerspruchlose Betragen, und im Schmerze des Widerspruches oder in der Freude der Selbstübereinstimmung fanden wir die ethische Triebkraft. Nicht jeder Widerspruch, in den das Individuum gerät, ist hierdurch indes als etwas Unethisches gekennzeichnet. Nur der **gewollte** Widerspruch, nur der Widerspruch, den ich mit Bewusstsein in mein Betragen aufnehme, gehört **direkt** unter das Unethische, und selbst hier müssen wir natürlich zwischen dem endgültigen und einem vorübergehenden oder oberflächlichen Widerspruch unterscheiden, welcher letztere um der

---

[1]) Mit Bezug auf die hemmenden Kräfte siehe Logik und Psychologie, S. 352 —.

schliesslichen Selbstübereinstimmung willen eingeführt ist, z. B. wenn wir aus Sorge für einen Kranken diesem einstweilen eine bittere Wahrheit verhehlen oder dgl. **Die ethische Pflicht ist die Schuldigkeit des tatsächlichen Ich gegen das ideale, das zentrale Ich.** Wo ich mit Bewusstsein dem idealen Ich untreu bin, handle ich direkt unethisch. Mache ich mich unwillkürlich einer solchen Untreue schuldig, so kann mein Handeln noch unter das Unethische gehören, insofern mein Zustand während des Moments des Handelns durch leichtsinnige Unachtsamkeit oder durch frühere unethische Handlungen bestimmt sein kann. Bevor wir uns auf diese Fragen näher einlassen können, haben wir jedoch noch ein paar Untersuchungen anzustellen.

Ein naheliegender Einwurf lässt sich schon hier abfertigen.

Man könnte gegen die soeben entwickelte Auffassung des Ethischen einwenden, die Ethik, wie sie hier dargestellt werde, sei weiter nichts als eine elende und obendrein egoistische Klugheitslehre, da das Ganze zuguterletzt ja einzig und allein vom eignen Wohl des Individuums handle.

Hierzu mache ich nun erst die allgemeine Bemerkung, dsss es ganz interessant ist, zu sehen, wie besonders in der Ethik eine Menge Begriffe schon eben wegen ihres Wortlauts unwillkürlich eine Reihe von Associationen und somit eine starke Gefühlsmasse, meist in ganz einseitiger Richtung, hervorufen, so dass der Begriff selbst ganz einseitig aufgefasst wird und die Sympathie oder die Antipathie auf den betreffenden Gedankengang so hervortretenden Einfluss erhält, dass jede ruhige und unbefangene Beurteilung zur Unmöglichkeit wird. So z. B.

hinsichtlich des Begriffes des Lustgefühls. Unwillkürlich denkt man ausschliesslich an die niedrigsten, rein elementaren Formen des Lustgefühls und bekommt somit so starke Antipathie gegen den ganzen Gedankengang, dass man rein vergisst, wie es auch die allerhöchsten Formen von Lustgefühl gibt, und wie es schliesslich vielleicht gerade auf diese ankommt. Oder hinsichtlich des Begriffes der Glückseligkeit. Unwillkürlich denkt man sich ein lärmendes, lustiges Individuum in heiteren Umgebungen und bringt hierdurch die ganze folgende Entwickelung in eine halb komische Beleuchtung. Diese sonderbare Neigung schreibt sich nicht von gestern her. Schon im Altertum fasste man z. B. *Epikurs* Lehre wegen solcher unwillkürlichen Associationen auf ganz verdrehte Weise auf, und diese Auffassung ist noch heutzutage nicht völlig verschwunden.

Die Ethik kann keine Klugheitslehre in dem Sinne sein, dass sie nur jeden Menschen lehren sollte, unter Zurücksetzung des Wohles anderer Menschen möglichst klug für sein eignes Wohl zu sorgen. Eine solche Lehre würde allerdings eine verächtliche Lehre sein. Anderseits würde es aber übel um das Ethische aussehen, sollte es ein Betragen geben, das im idealen Sinne des Wortes noch klüger wäre als das ethische. Die Ethik ist nicht schlechthin ein e Klugheitslehre, sie ist die absolute, die ideale Klugheitslehre, wie im absoluten Sinne der »Thor« der Unethische ist.

Ganz ebenso verhält es sich mit dem »Egoismus«. Das Ethische lässt sich zuguterletzt nur aus der Rücksicht des Individuums auf sich selbst herleiten. Wäre das ethische Handeln ausschliesslich blindes triebmässiges Handeln, so müsste alle Rede von Rücksichten wegfallen; das ist es bekanntlich aber nicht. Jedesmal, wenn ich mit vollem Bewusstsein eine ethische Handlung ausübe, tue ich das in der Tat, weil solches Handeln mir im tiefsten Sinne als das am meisten befriedigende erscheint, oder wenn ich eine schwere Pflicht erfülle: weil es mir als im tiefsten Sinne unbefriedigend erscheint, solches Handeln zu unterlassen. Dieses schliessliche »Weil« braucht, wie schon (S. 20) angedeutet, mir nicht immer völlig klar dazustehen. Ich kann meinem Nachbar eine Wohltat erweisen, »weil ich ihn gern froh sehen möchte«. In diesem »Gern« liegt aber wieder die Rücksicht auf mich selbst. Ich kann mitunter das Gute auch aus unwillkürlicher Sympathie, völlig unmittelbar, ohne einen einzigen halb- oder ganzbewussten Gedanken tun. Jede derartige ethische Handlung hat gewöhnlich aber zur Vorgeschichte eine Reihe ähnlicher Handlungen, wo mehr Bewusstsein wirkte, u. a. das Bewusstsein, dass solches Handeln etwas mir auf wertvolle Weise Wohltuendes enthält. Diesem Lustgefühl, Harmoniegefühl oder Gefühl der inneren Zufriedenheit entgehen wir also nicht, und es würde auch ganz sinnlos sein, vor dieser Tatsache die Augen zu verschliessen oder zu wünschen, dass man die Augen verschliessen könnte, da wir dieselbe zu anderen Zeiten gerade preisen, indem wir sagen: eine gute Tat trägt ihren Lohn in sich selber; man soll die Pflicht um ihrer selbst willen tun. Der Ausdruck »um—willen« lässt sich, wenn Sinn damit verbunden sein soll, nur auf lebende Wesen anwenden. Die Pflicht um ihrer selbst willen tun bedeutet deshalb die Pflicht tun, weil dies, von allem äusseren Resultate abgesehen, eine Befriedigung herbeiführt, welche die Anstrengung lohnt. Was vom Arbeiter gilt, dass er seines Lohnes wert ist, dass muss auch vom ethischen Arbeiter gelten. Belohnung und Strafe im äusseren Sinne können wegfallen; hätte das Ethische aber seinen Lohn nicht in sich selbst, in jenem inneren Gefühl, so würde es als ganz unbegründet frei in der Luft schweben. Wollte man sagen: Du sollst das Rechte tun, ganz einfach, weil es das Rechte ist, und nicht, weil es dir ein Lustgefühl bringt oder dich von einem Unlustgefühl befreit, so würde man — in der allerbesten Absicht — übers Ziel hinaus schiessen. Denn keine Macht im Himmel oder auf Erden würde im stande sein, mir das Verständnis beizubringen, dass das Rechte dem Unrechten vorzuziehen sei, wäre diese Wahrheit meinem Wesen nicht dadurch eingebrannt, dass ich ein Gefühl der Harmonie, d. h. ein Lustgefühl erhalte, welches mich bewegt, innezuhalten und mich zu gedulden. Der Mensch ist nun einmal so geschaffen. Dem Lustgefühl zustreben und vom Unlustgefühl fort streben, das ist das **Gesetz unseres Handelns**, über das wir nicht hinaus kommen. Indem das Lustgefühl aber ethisches Lustgefühl und das Unlustgefühl ethisches Unlustgefühl, d. h. gutes, bzw. böses Gewissen sein kann, liegt in diesem Umstande in der Tat nichts Befremdendes, geschweige denn Gefahrdrohendes.

Soll man nun das Entstehen des ethischen Handelns dem Gesetze unseres Handelns gemäss erklären, so muss man also fragen: Wo ist das Lustgefühl, dem man nachstrebt, oder das Unlustgefühl, das man zu vermeiden sucht? Somit wird man also an das Individuum selbst hingewiesen. Das Handeln desselben muss schliesslich notwendigerweise durch dessen eignes Gefühl bestimmt sein, mithin durch die Rücksicht auf das eigne Ich, ja, man könnte gern sagen, durch **die Rücksicht auf** den eignen Vorteil. Auch hierin liegt aber nichts Befremdendes, wenn man eingedenk ist, dass auch das Wort »Vorteil« sowohl im niedrigsten als im höchsten, idealsten Sinne genommen werden kann. Auch der Christ, der die ewige Seligkeit zu gewinnen strebt, kämpft ja für seinen eignen Vorteil. Will man ein solches Streben egoistisch nennen, so ist dagegen an und für sich auch nichts einzuwenden, wenn man hier dann nur auch die Konsequenzen nimmt und betont, dass es alsdann sowohl einen verwerflichen engen Egoismus geben kann, der mit dem zentralen Wesen des Menschen in scharfem Widerspruch steht, als auch einen idealen, mit ausgedehnter Menschenliebe vereinten Egoismus, der gerade das Innerste und Beste des Wesens des Menschen zum Ausdruck bringt. Möglicherweise ist letzterer Sprachgebrauch indes ein wenig unpraktisch, und ich möchte deshalb vorziehen, den neutralen Ausdruck »Egoität« zur Bezeichnung der Eigentümlichkeit zu benutzen, dass alles menschliche Handeln vom niedrigsten bis zum höchsten zuguterletzt aus der Rücksicht auf das eigne Ich hervorgehen oder der Ausschlag der Selbstbehauptung sein muss. Diese Selbstbehauptung kann indes sowohl eine widerspruchvolle egoistische als eine widerspruchlose ethische Selbstbehauptung sein, ein Handeln, das sich dem Anschein nach bis weit über die Grenzen des eignen Ich hinaus erstreckt, aber auch nur dem Anschein nach, indem das menschliche Ich, ideell betrachtet, in der Tat die ganze Menschheit umfasst. Es gibt Skeptiker, die alle Rede von Tugend und Moral für Trug oder Selbstbetrug erklärten, »denn jede menschliche Handlung müsse aus Egoismus entspringen«. Das Berechtigte dieser Behauptung ist offenbar, dass all unser

Handeln aus Egoität entspringen muss, das Falsche derselben beruht aber auf der Verwechselung der Egoität mit dem Egoismus. »Glaube nicht, dass irgend ein Mensch den kleinen Finger erheben wird, um dir zu helfen, wenn er sich keinen Vorteil davon erwartet,« sagt *Bentham*. Und selbstverständlich hat er recht, sobald wir das Wort »Vorteil« in völlig umfassendem Sinne nehmen. Erscheint die wohlwollende Handlung dem Individuum nicht in ansprechendem sondern in nichtansprechendem Lichte, so wird sie unterbleiben. Es wäre ja ein naiver Einwurf, wollte man bemerken, der brave Mann übe auch manches »nichtansprechende« Liebeswerk und überhaupt manche nichtansprechende Pflicht, denn selbstverständlich wird das zuguterletzt am meisten Ansprechende oder das zuguterletzt am wenigsten Nichtansprechende gewählt. Es hat mir deshalb immer geschienen, dass unter allen ethischen Autoren *Bentham* derjenige ist, der am deutlichsten eben mit dem Anfang, mit der Egoität beginnt. Freilich hat er aber nicht an allen Punkten den klaren Zusammenhang des Anfangs mit dem Ende nachgewiesen, wie er sich denn auch des äusserst wichtigen Unterschieds zwischen Egoität und Egoismus nicht völlig bewusst war, obschon er verschiedene Andeutungen desselben gibt.

Hierdurch dürfte der oben genannte Einwurf genügende Widerlegung gefunden haben. Um noch ein paar andere Probleme ein wenig genauer zu beleuchten, müssen wir noch einmal zum menschlichen Gewissen zurückkehren und dessen Charakter und Ursprung etwas näher betrachten.

Gewöhnlich nennt man das Gewissen ein Gefühl. Gegen diese Bezeichnung ist an und für sich nichts einzuwenden; nur müssen wir ein wenig schärfer bestimmen, was in diesem Ausdruck liegt. Erstens gebrauchen wir das Wort »Gefühl« rein abstrakt, eben von den Lust-Unlustelementen allein. Bald nennt man ein einzelnes solches Element ein Gefühl, bald denkt man an eine ganze Heerschar dieser Elemente, gleichartiger oder ungleichartiger, in jedem beliebigen Mischungsverhältnisse. Meistens hat das Wort jedoch einen noch breiteren Sinn. Wenn wir psychische Zustände wie Freude, Kummer, Furcht, Ärger, Wehmut, Zorn u. s. w. Gefühle nennen, so umfasst das Wort offenbar nicht nur eben den Lust-Unlustzustand, sondern zugleich auch die Empfindungen, Vorstellungen oder Gedanken, welche diese Lust-Unlust-zustände eingeführt oder hervorgerufen haben: die Wehmut ist ein aus Lust und Unlust gemischter Zustand, erregt durch die Vorstellung von etwas Gutem, das entschwunden ist, und mit dieser Vorstellung verbunden. Hier haben wir also sowohl Vorstellungs- als eigentliche Gefühlselemente in einer eigentümlichen engen Vereinigung, und ein Gefühl in diesem konkreten Sinne des Wortes ist das Gewissen. Dieses ist, wo es hinreichende Entwickelung erlangt hat, ein Gefühl der Lust, verknüpft mit der Vorstellung, dass man ethisch recht gehandelt hat oder zu handeln im Begriffe steht, oder ein Gefühl der Unlust, verknüpft mit der Vorstellung, dass man ethisch unrecht gehandelt hat oder zu handeln im Begriffe steht.

Ursprünglich hat das Individuum natürlich nicht einmal trübe Vorstellungen von recht und unrecht. Das kleine Kind hat deshalb noch kein Gewissen, wohl hat es aber sowohl Vorstellungs- als Gefühlstätigkeit, mithin die Vermögen und Kräfte, die allmählich unter der Leitung der verschiedenen erziehenden Mächte des Lebens das Gewissen aufbauen sollen. Wie diese Mächte wirken, ist bekannte Sache. Die Eltern erteilen z. B. dem Kinde verschiedene Vorschriften, also Vorstellungen vom rechten Betragen, und um diesen Vorstellungen, die an und für sich anfänglich ohne hervortretenden Gefühlston oder vielleicht sogar unlustbetont sind, den gewünschten Einfluss zu verschaffen, belehrt man das Kind, dass es Lob oder Tadel erhalten, die Zufriedenheit oder das Missvergnügen der Eltern erregen wird, je nachdem es diese Vorschriften befolgt oder übertritt. Es sind hier also teils das Lustgefühl beim Gedanken an Lob und Belohnung und das Unlustgefühl beim Gedanken an Tadel und Bestrafung und teils das Lustgefühl beim Gedanken, die Eltern zufrieden zu sehen und das Unlustgefühl beim Gedanken, sie missvergnügt und betrübt zu sehen, die als Triebkräfte wirken. Später tritt der Gedanke an einen engeren oder weiteren Kreis von Mitmenschen, meistens zugleich auch der Gedanke an die Gottheit an die Stelle des Gedankens an die Eltern allein, und diese Gedanken finden nach und nach wieder ihre Ergänzung oder Ablösung durch eine mehr oder weniger klare und vollständige Vorstellung von dem eignen selbständigen und unbedingten Werte des rechten Handelns als das mit den tiefsten Forderungen des Menschengeistes übereinstimmende und deswegen sich selbst und alles frühere Handeln autorisierende. Die Triebkraft ist hier also ein Lustgefühl im Verein mit dem Gedanken eben an den inneren Wert der ethischen Handlung, und somit ist die eigentlich ethische Stufe erreicht.

Die genannten Vorstellungen und Gedanken können alle möglichen Grade der Klarheit und Deutlichkeit besitzen. Ein Teil der gesamten tragenden Vorstellungsmasse wird als bereitliegender oder neugebildeter Bewusstseinsinhalt in der Form klarer und geordneter Gedanken vorhanden sein, ein Teil wird aus flüchtigen, unklaren Associationen bestehen, ja aus so schwach bewussten Vorstellungselementen, dass diese sich dem Individuum nur wegen ihres Gefühlstones bemerkbar machen. Namentlich mit letzterem Umstande vor Augen hat man das Gewissen deshalb mitunter einen Instinkt, einen Instinkt der Gattung oder der Rasse im Individuum genannt, und *S. Hansen*, der sich in seiner oben besprochenen Arbeit zum Fürsprecher dieser Auffassung macht, fragt sogar in vollem Ernste (S. 43): »Würden z. B. wohl rechtschaffene Leute heutzutage vor einer Handlung wie einem Diebstahl das instinktive Entsetzen fühlen, das sie jetzt fühlen, wenn ihre Vorfahren nicht so viele Diebe an den Galgen gebracht gesehen hätten?« Hierauf ist zu erwidern, dass die Entwickelungslehre allerdings eine höchst vortreffliche Lehre ist. Nichtsdestoweniger lässt sie sich aber auch missbrauchen, und man wird kein guter Evolutionist, wenn man ohne Unterschied bei jeder beliebigen wissenschaftlichen Betrachtung mit den Bienen oder anderen unserer frühesten Vorfahren anfängt. Das Gewissen hat durchaus nichts mit dem Instinkte zu schaffen. Wünscht man nicht einen neuen und irreleitenden Sprachgebrauch einzuführen, so muss man nämlich festhalten, dass der Instinkt ausschliesslich eine Erscheinung aus dem Gebiete des Willenslebens ist, während das Gewissen ausschliesslich unter das Vorstellungs- und Gefühlsleben gehört. Selbst der Ausdruck »ein instinktives Entsetzen« ist daher in einer wissenschaftlichen Abhandlung ein weniger geeigneter, der ganz einfach durch »ein unmittelbares Entsetzen« ersetzt werden sollte. Ein derartiges starkes Gefühl des Schrecks und des Abscheus kann sehr wohl mit gewisser Plötzlichkeit in einem Individuum auftauchen, sobald es von einem Diebstahl reden hört; man wird aber leicht bemerken, dass dies in höherem oder geringerem Grade geschieht, je nachdem das Leben dem Betreffenden für seine eigne Person mehr oder weniger eindringlich gefühlsbetonte Vorstellungen von dem Entwürdigenden des Stehlens beigebracht hat, und die Hypothese von den vielen an den Galgen gebrachten Vorfahren ist deshalb in demselben Masse überflüssig, wie sie unpsychologisch ist, da die Annahme »angeborener Ideen« ja schon längst unhaltbar gemacht wurde. Redet das Gewissen die Sache der Gattung oder der Rasse, so ist auch dieser Umstand ganz natürlich dadurch zu erklären, dass die Gattung oder die Rasse das Individuum selbst dahin erzogen hat, so zu meinen und handeln; auch hier ist jede andere Erklärung durchaus überflüssig, und zudem ist eine mystische Erklärung gar keine Erklärung. Sowohl der unmittelbare Abscheu vor dem Stehlen als mancher andere unmittelbare Abscheu ist also ganz einfach als die Wirkung anfangs der Erziehung und später der eignen Erwägung zu verstehen.

Der zweite Punkt, den wir hier hervorheben sollten, ist aber dieser: Mit diesen unmittelbaren Regungen ist der Begriff des Gewissens noch nicht erschöpft. Auch unsere völlig bewussten Gedanken über ethisches und unethisches Betragen gehören sowohl nach allgemeinem Sprachgebrauche als auch rationell betrachtet mit zum Begriffe. Ganz sicher war es kein altes »instinktives« bronzezeitliches Gewissen, das *Luther* zu seinem Proteste in Worms bewog, und unter einem gewissenhaften Menschen verstehen wir doch nicht einen Menschen, der da handelt, ohne sein Betragen zu erwägen. Die mehr bewusste und reflektierte Seite des ethischen Gefühls aus dem Begriffe des Gewissens auszusondern, ist schon deshalb untunlich, weil der Übergang aus Unmittelbarkeit in Reflexion ein ganz sanfter ist, keine Klüfte oder Sprünge hat, so dass jede Bestimmung der Grenze willkürlich, um nicht zu sagen unmöglich wird. Überdies kann, was heute reflektiert ist, morgen unmittelbar sein und umgekehrt, und namentlich wird unter gewöhnlichen Umständen die Reflexion fortwährend zur Unmittelbarkeit niedergefällt oder verkürzt werden. Habe ich beim Nachdenken mehrmals eine gewisse Art des Betragens unethisch gefunden, so wird diese mir künftig rein unmittelbar als unethisch erscheinen. Auf diese Weise baut der Mensch mittels des Denkens fortwährend an seinem Gewissen weiter. Die unmittelbare Seite des letzteren ist stets gleichsam um einen gewissen Zeitabschnitt älter als die reflektierte. Diese ist die Erneuerin und die Vollbringerin, die das ganze Gewissen auf der Höhe all der Erfahrung, all der Erziehung zu erhalten sucht, welche das Leben bis dahin dem Individuum beschert hat. Die unmittelbare Seite erhält und verwendet das Errungene und sucht durch ihre Mitwirkung die Kontinuität zu bewahren und Übereilungen während der Entwickelung auszuschliessen. So kann es geschehen, dass das Gewissen selbst sich spalten kann; die Seite des Denkens sagt eines, die Seite der Unmittelbarkeit ein anderes. Eine solche Spaltung kann vorzüglich jedesmal eintreffen, wenn die Gattung im Begriffe steht, einen neuen wesentlichen Schritt vorwärts in der Auffassung des Ethischen zu tun.

Bald kann das Denken, bald die Unmittelbarkeit im Rechte sein. Die Ausgleichung findet dadurch statt, dass das Denken wieder eine Prüfung anstellt und möglicherweise entdeckt, dass es sich verrechnet hatte; oder dieses kann ein Mal über das andere mit immer grösserer Klarheit und Gefühlsbetonung zu demselben Ergebnisse kommen, so dass der Widerstand der Unmittelbarkeit in Unbetontheit zusammensinkt; oder die Unmittelbarkeit kann endlich selbst gleichsam zurückkehren und sich wieder in der Form der Reflexion entfalten, aus der sie hervorgegangen ist, und hierdurch selber irgend eine früher übersehene Unvollkommenheit auf dem Wege zur Entscheidung enthüllen.

Das Gewissen ist also niemals fertig im Individuum, sondern befindet sich in steter Entwickelung — solange das Individuum selbst sich in Entwickelung befindet; und zwar sucht es nicht vor allen Dingen den zentralen Grundsatz des ethischen Handelns: Bedenke alle Augenblicke und alle Menschen! Vielmehr wird dieses Zentrum verhältnismässig früh gefunden, und es ergeht dem Gewissen wie dem Ethiker oder dem ethischen Schriftsteller: es ist die konkrete Entfaltung des allgemeinen Gesetzes, die Schwierigkeiten bereitet. Bevor wir zu diesem Punkte schreiten, müssen wir indes die Gefühlsseite des Gewissens, eben die Lust- und Unlustelemente, ein wenig näher betrachten.

Macht man einem kleinen Kinde den Vorschlag, seine Brezel mit einem Kameraden zu teilen, so wird es sich anfangs wahrscheinlich kräftig sträuben. Erzählt man ihm aber eine geeignete Geschichte von einem Bübchen oder Mädchen, das immer mit seinen Kameraden teilte, weshalb es bei diesen und bei allen Menschen ungeheuer beliebt wurde, sich stets froh fühlte, im Leben immer Glück hatte u. s. w. u. s. w., so wird es möglicherweise gelingen, die Vorstellung vom Teilen mit den Kameraden mit einem Kreise so lustbetonter Associationen zu umgeben, dass das ursprüngliche Unlustgefühl übertäubt wird und der ganze Gefühlszustand sich wesentlich in ein Lustgefühl umwandelt, das anscheinend eben an die Vorstellung vom Teilen mit den Kameraden geknüpft ist. Was dem Kinde anfänglich als eine nichtansprechende Handlung erschien, kommt ihm künftig somit als eine ansprechende Handlung vor. Man hat durch Bearbeitung seines Vorstellungslebens auch sein Gefühlsleben umgestaltet und hierdurch seinem Willensleben wertvolle neue Triebkräfte zugeführt. Man hat gleichsam auf die Vorstellung vom wohlwollenden Handeln Lustgefühl **übertragen**, und in solchem »**Übertragen des Gefühls**«, im Übertragen des Lustgefühls auf die Vorstellung vom rechten Betragen in dessen zahlreichen Verzweigungen und im Übertragen des Unlustgefühls auf die Vorstellung vom unrechten Betragen jeglicher Art besteht wesentlich die Erziehung und die Selbsterziehung des Gewissens. Die angeborene Eigentümlichkeit des Individuums kann bekanntlich höchst verschiedener Art sein, und oft kann die Vorstellung von einer wohlwollenden Handlung schon auf einer frühen Stufe so stark lustbetont sein, dass das Kind in der betreffenden Richtung handeln wird, noch ohne von recht oder unrecht eine Ahnung zu haben; das Gewöhnliche ist aber doch gewiss, dass **der Gedanke dem Gefühl gleichsam vorauseilt**, dass die Vorstellung: so ist es recht! verhältnismässig klar zugegen ist, noch bevor sie stark gefühlsbetont wird. Die normale Entwickelung geschieht dann so, dass das Gefühl allmählich mittels der erziehenden Tätigkeit des Lebens und des Individuums selber in immer grösserer Fülle auf die anfangs verhältnismässig armselige und leere Vorstellung übertragen wird, indem diese sich um die genannten Associationen bereichert.

Hier erhebt sich nun die wichtige Frage: Welchen Wert hat der Gefühlston, der sich auf diese Weise auf die Vorstellung vom rechten Handeln aufhäufen lässt? Wird er solches Gewicht erhalten können, dass er den gleichzeitigen Antrieb zum Handeln in entgegengesetzter Richtung zu überwinden vermag? Dieser Antrieb wird dem Vorhergehenden zufolge seinen Ursprung ja stets in der mehr peripherischen Natur des Individuums haben; wird diese aber nicht immer um so sehr die stärkere sein, dass alle Hoffnung auf ein wirklich ethisches Betragen am Ende dennoch illusorisch wird und die ganze oben geschilderte Theorie sich mithin als falsch erweist? Wir beriefen uns im Vorhergehenden auf »die Täuschung und den Schmerz, die mit dem Widerspruche verbunden sind«; werden diese aber nicht stets geringer sein als die Täuschung und der Schmerz, die das Aufgeben der momentanen Forderung und der egoistischen Forderung verursacht?

Wie bereits hervorgehoben, ist es nicht die Aufgabe der Ethik, alle Menschen ethisch zu machen; diese muss im Gegenteil auch die Tatsache erklären können, dass viele Menschen nur in äusserst geringem Grade ethisch werden, was schon hinlänglich durch das oben Bemerkte zu erklären ist, dass das Gewissen in seiner konkreten Totalität sowohl verkrüppelt als missgestaltet sein kann. Die Erfahrung lehrt uns indes ebenfalls, dass es

Menschen gibt, die einen hohen ethischen Standpunkt erreicht haben. Auch dies muss die Ethik erklären können und überhaupt muss sie im stande sein, nachzuweisen, dass die ethischen Motive nicht als **selbstverständlich ohnmächtige Glieder des Daseins** dastehen.

Dieser Nachweis fällt denn auch nicht schwer. Es verhält sich richtig, dass viele der primitiven Gefühle, welche das ethische Gefühl zu bekämpfen hat, eine äusserst hohe Intensität erlangen können. Die Philosophie hilft gegen alles andre, nur nicht gegen Zahnschmerzen, heisst es ja. Die Erfahrung lehrt uns aber zugleich, dass sich um fast jede Vorstellung Gefühl in sehr hohem Masse anhäufen lässt. Schon wegen seiner Fülle, seines Umfangs kann ein solches Gefühl daher den Kampf mit einem engeren, intensiveren aufnehmen. Hierzu kommt ferner, dass auch verschiedene verhältnismässig intensive Elemente einem dergestalt angehäuften Gefühle einverleibt werden können, indem fast jedes zusammengesetzte Gefühl starke primitive Teilgefühle haben kann, wie es auch starke Stimmungen und Affekte an sich zu knüpfen vermag. Sogar auf dem unbedeutendsten Vorstellungsgebiete ist der Mensch im stande, auf diese Weise Gefühl anzuhäufen; sogar der jämmerlichste Zweck — das Ansammeln von Briefmarken, alten Münzen — ist im stande eine Leidenschaft zu erregen, die sowohl Kälte als Hunger und Zahnschmerzen trotzt.

Was somit aber sogar von dem unwesentlichsten Vorstellungsgebiete gilt, muss in erhöhtem Grade doch auch auf die mit dem Gedanken an das innerste Wohl des Menschen mehr oder weniger deutlich verbundenen ethischen Vorstellungen Anwendung finden, und es wird daher verständlich, dass nicht nur Hunger und Durst nach Essen und Trinken, sondern auch Hunger und Durst nach Gerechtigkeit, Hunger und Durst nach Wohltun entstehen können. Wo das Gewissen in seinen höheren Formen zugegen ist, werden das Unlustgefühl beim Gedanken an die Übertretung des ethischen Gesetzes und das Lustgefühl bei der Überzeugung, demselben in **allen entscheidenden Fällen** treu geblieben zu sein, ganz einfach zum peinlichsten Unlustgefühl und zum tiefsten Lustgefühl, welche das Individuum überhaupt kennt, **Gefühle, mit denen keine andren den Kampf aufzunehmen vermögen.** »Es geht mit dem guten Gewissen,« sagt *Bang* (Der Begriff der Moral, S. 168), »fast wie mit dem täglichen Brot: es ist kein grosses Vergnügen, es zu haben; es aber nicht haben kann allem anderen Glücke den Boden entziehen.« *Höffding* (Ethik, 2. Aufl. S. 78) bedient sich anderer Worte: »Diese Befriedigung kann so gross und stark sein, dass alles andre im Vergleich mit derselben seinen Wert verliert«. »Zwischen der bei der Ausführung einer aufopfernden Handlung gefühlten Befriedigung und jedem möglichen anderen Lustgefühle kann die Entfernung so gross sein, dass letzteres dem Bewusstsein fast ganz entschwindet«.[1] *Bang* hat nicht geradezu unrecht; er begeht aber die Einseitigkeit, dass er das gute Gewissen so beschreibt, wie es sich in den Augenblicken erweist, wo es nicht entscheidend in Funktion ist. Auch *Kant* spricht ziemlich kühl von dem Lustgefühl bei der guten Handlung; ihm kommt es aber ja auch darauf an, dieses Handeln nicht dadurch zu

---

[1] Vgl. hiermit mehrere ähnliche von *Höffding* an dem betreffenden Orte angeführte Äusserungen.

»entwürdigen«, dass zu demselben empirische Neigung erweckt wird.

Wir dürfen also sicherlich konstatieren, dass das ethische Lust- und Unlustgefühl das gewaltigste Gefühl im Menschen sein kann, und wir erklärten uns dies durch den Umstand, dass eine unbegrenzte Menge von Gefühlselementen auf die Vorstellung vom rechten Handeln übertragen sein kann, indem diese Vorstellung von einem Kreise wertvoller Associationen umgeben worden ist. *Stuart Mill* hat eine etwas verschiedene Erklärung gegeben, um derentwillen man ihn hart angegriffen hat. Er sagt (»Utilitarianism«, 14. ed., S. 10—15): Ein Lustgefühl hat nicht nur eine gewisse Quantität, sondern wie alles andre in der Welt auch eine gewisse geringere oder höhere Qualität. Ersteres glauben wir, weil uns ein subjektives Gutachten es sagt; eben denselben Grund haben wir aber, letzteres zu glauben: jeder, der sowohl intellektuelle als sinnliche Lustgefühle kennt, wird finden, dass erstere wertvollerer Art sind als letztere.

In zwei Beziehungen hat man *Mill* wegen dieser Äusserung angegriffen. Es scheint mir indes nicht schwer zu gewahren, dass er in allem Wesentlichen recht hat, und dass die Einwürfe verfehlt sind. Teils hat man die Behauptung von der Qualität angegriffen und teils die Forderung, dass der Richtende selbst beide zu richtenden Formen kennen müsse. Die Uneinigkeit in ersterer Beziehung beruht gewiss nur darauf, dass die Widersacher ausschliesslich an Gefühl im abstrakten Sinne des Wortes, also eben an die Lust-Unlustelemente dachten, während *Mill* dagegen ausschliesslich von Gefühlen im konkreten Sinne redet, von den Lust-Unlustelementen im Verein mit den tragenden Vorstellungen, also von Gefühlen wie z. B.

dem Sattheitsgefühle, dem Vergnügen an einem Rausche, am Kartenspiel, am Unterstützen eines Mitmenschen u. dgl. Allein Gefühlen in diesem Sinne des Wortes eine verschiedene Qualität abzusprechen würde doch in höchstem Masse ungereimt sein und sowohl dem gewöhnlichen Sprachgebrauch als der gesunden Vernunft widerstreiten. Jede Psychologie gibt denn auch unwillkürlich *Mill* recht, indem sie zwischen sinnlichen und intellektuellen Gefühlen unterscheidet, also zwischen zwei Arten, deren letztere obendrein nicht so gar selten geradezu die höhere, d. h. die wertvollere Art genannt wird.

Ein gewichtigerer Einwurf gegen *Mill* würde dagegen entstehen, wenn man behaupten wollte, entweder, die Qualität spiele keine Rolle als Bewegkraft für das Gefühl, oder auch, sie spiele vielleicht wohl eine gewisse Rolle, jedoch spiele die Quantität fortwährend auch eine Rolle, und die »höheren« Gefühle würden deshalb doch beständig den kürzern ziehen. Auch dieser Einwurf wird aber dem soeben Entwickelten zufolge machtlos sein. Dass die »niederen« Gefühle bei vielen Individuen die herrschenden sind, wird hiermit ja keineswegs bestritten.

Hiermit sind wir aber zu einem neuen Punkte von äusserst grosser Wichtigkeit gelangt, zu einem Punkte, der mit dem zweiten Einwurfe gegen *Mill* in gewissem Zusammenhange steht. Wir sahen, dass das ethische Handeln nicht geradezu von vornherein ausgeschlossen ist, indem das Gewissen, das, wie bereits bemerkt, die übrigen ethisierenden Mächte allmählich als Momente in sich einverleibt und somit als die allumfassende ethisierende Gewalt dastehen wird, wirklich solche Klarheit und Gefühlsbetonung wird erlangen können, dass es die führende Macht im Individuum wird. Dies war aber keineswegs immer, ja vielleicht nicht einmal sehr oft der Fall. Das Gewissen konnte auch so schwach sein, dass es die Führerschaft nicht gewann, und es konnte so verwachsen sein, dass es irreleitete. Die Frage ist nun die: Kann man denn, wenn man dies vor Augen hat, fortwährend mit Recht von **einem einzigen gemeinschaftlichen ethischen Gesetze** reden? Ist das oben erwähnte nach Zeit und Raum allgemeine Handeln ethisches Gesetz für alle diese verschiedenen Gewissen, oder würde das nicht eine Ungerechtigkeit und Unbilligkeit sein? Das ethische Gesetz sollte ja **das Gesetz meines Wesens** sein. Ist es dann aber möglich, über das oben Angeführte hinwegzukommen, dass »das am tiefsten befriedigende Handeln das ethische Handeln ist«? Das am tiefsten Befriedigende ist ja aber bei den verschiedenen Menschen weit verschieden.

Auf Grundlage alles Vorhergehenden ist diese Frage auf folgende Weise zu beantworten.

In gewissem Sinne ist es vollkommen richtig, dass niemand sich ein höheres Ziel setzen kann als: das am tiefsten Befriedigende. Auch hier ist aber wieder zu betonen, dass der Mensch kein völlig gleichartiges oder unzusammengesetztes Wesen ist. Nicht, was das Individuum unmittelbar am stärksten befriedigt, sondern was **dessen innerstes, zentrales Wesen** am stärksten befriedigt, ist das Ethische. Dies ist aber dem Vorhergehenden zufolge eins und dasselbe wie das, was das Individuum am stärksten befriedigen **sollte**. Hinsichtlich des idealen Gewissens ist das klar genug. Das unvollkommene Gewissen ist aber, wie wir sahen, noch mit Widerspruch behaftet, und es würde daher auch ein Widerspruch sein, wenn das Individuum sich mit dem

Handeln beschwichtigte, das diesem unmittelbar entspräche. Und dieser Widerspruch wird tatsächlich in höherem oder geringerem Grade existieren, nicht nur im Individuum, sondern auch für das Individuum, weil selbst in dem unvollkommenen Gewissen eben das Zentrum doch, wie wir sahen, ideal ist. Der Mensch ist, wie die Griechen es ausdrückten, trotz all seiner Schwachheiten »den Göttern verwandt«, oder, wie das jetzige religiöse Bewusstsein dasselbe ausdrückt; »in Gottes Bilde geschaffen«. Sogar das dürftigste Gewissen reicht in seinem Innersten doch bis an den Gipfel hinan, wenn auch nur mit den allerzartesten Fäden. Gibt es keinen einzigen Faden, so befinden wir uns ausserhalb des psychologisch Menschlichen, beim Unmenschen »homo delinquens« oder bei anderen die Grenze absteckenden Formen der Abnormität. Insofern könnte man die Behauptung gern analytisch nennen.

Also: nicht was mir im Augenblicke tatsächlich als das am tiefsten Befriedigende erscheint, ist ohne weiteres das Ethische; denn möglicherweise könnte ich mich selbst trügen, oberflächlich denken und hierdurch eine unrichtige Verteilung des Gefühls erhalten. Das tatsächlich am tiefsten Befriedigende wird mein tatsächliches Betragen bestimmen. Dieses wird vielleicht aber nicht ethisch. Das in Wahrheit am tiefsten Befriedigende dagegen ist das Ethische, das, was mir als am tiefsten befriedigend erscheinen würde, dächte ich in allen Stükken recht, bekäme ich alle Punkte mit, und zwar mit dem rechten Gewicht und am rechten Platze, und bekäme ich hierdurch ebenfalls die rechte Verteilung des Gefühls, kurz, vermiede ich jeden Zwiespalt mit meinem fundamentalen Wesen. Billiger davonzukommen darf niemand erwarten; denn jeder Mensch ist zum Höchsten angelegt. »Der Feind« — rücksichtlich der engeren Antriebe — ist innerhalb der Mauern und kann sich jeden Augenblick erheben. Man denke an *Luthers* Ausruf: »Heraus, Joachimstaler! Der Erlöser ist hier und erwartet dich!« Sein tatsächliches Gewissen fand, dass ein Joachimstaler doch eine ziemlich grosse Spende an den Bettler sei; es gebrach seiner Vorstellung vom Wohltun noch an einem Grade der Gefühlsbetonung, um die Situation bewältigen zu können. Sein ideales Gewissen ist denn aber auch an Ort und Stelle und beeilt sich, um mit Hilfe noch einer anderen Association den Gefühlston. so zu steigern, dass die Wagschale nach der rechten Seite sinkt.

Dies ist nicht, was man abweisend »Idealismus« nennen könnte, sondern ganz einfache und genaue Psychologie. Sollte es widerlegt werden können, so müsste man den Satz widerlegen, dass der Mensch ein denkendes und fühlendes Wesen ist, und dass das Denken und das Fühlen nun einmal gewissen einfachen fundamentalen Gesetzen gehorchen.

Ist das Gewissen aber so anspruchvoll, wäre es dann nicht am allerbesten, es ganz abzuschaffen oder es »robust« zu machen, wie *Hilde* es im »Baumeister Solnes« vorschlägt? Nein, ersterer Ausweg scheitert an der Schwierigkeit, dass das Gewissen nicht völlig vertilgt wird, solange das Denken und das Fühlen nicht vertilgt sind, und die Robustheit wird aus ähnlichen Gründen nicht ganz bis ins Zentrum gelangen können, so dass auch diese Methode oberflächlich und unzuverlässig wird. Mit anderen Worten: das Gewissen ist wirklich im Allerinnersten allgemein, absolut und objektiv, wie *Starcke* es andeutete, nicht aber, weil es aus der Gesellschaft entspringt, sondern weil sein Wesen eben das Wesen des Denkens und Fühlens, *Kants* »homo noumenon«, *Smiths* »unbefangener Zuschauer« ist.

Will der Verfasser einer Ethik ermitteln, was das rechte menschliche Betragen ist, so geht es daher nicht an, dass er ganz einfach eine Generalversammlung beruft, zu der auch *Mills* berühmte »Schweine« und »Thoren« eingeladen werden, denn es ist nicht gegeben, dass die beiden letzteren Klassen von Mitgliedern sich selbst so eingehend kennen, dass sie richtig stimmen. *Mill* hat daher entschieden recht: soll das ethische Gesetz gefunden werden, so muss man den Kundigen, nicht aber den Unkundigen befragen. Das berühmte: »**Erkenne dich selbst!**« ist noch immer die erste Bedingung ethischer Einsicht.

Es war das **Gefühl**, dessen Aufnahme in die Ethik man so sehr fürchtete, und doch scheint es fast unmittelbar einleuchtend, dass man dessen nicht entraten kann. Erst durch die Wärme des Gefühls erhält das Ethische seine rechte Klangfarbe. Nur der Mensch ist etwas, der etwas liebt; und was ein Mensch ist, soll man daran erkennen, was er liebt, heisst es bei *Feuerbach*. Es war die »Subjektivität« des Gefühls, die man fürchtete. Aber auch die menschlichen Gefühle gehorchen bestimmten Gesetzen. Wie der Gedanke an und für sich kalt ist, so ist das Gefühl, wie man sagt, an und für sich blind. Glücklicherweise tritt indes keines derselben jemals an und für sich auf, sondern beide sind beständig mehr oder weniger innig miteinander vereint. Eine kurze Betrachtung unseres Problems speziell von dieser Seite aus wird noch über ein paar andere Punkte Licht verbreiten.

Wie die Psychologie darlegt, wird jedes Gefühl durch eine Vorstellung eingeführt, ebenso wie umgekehrt jede Vorstellung mehr oder weniger Gefühl einführt. Das allgemeine Gesetz, dem gemäss dies geschieht, ist folgendes: Jede Vorstellung, die mit Bezug auf Form oder Inhalt oder auf beides mit dem Wohle des Subjekts übereinstimmt, erregt Lustgefühl; jede Vorstellung, das auf ähnliche Weise dem Wohl des Subjektes widerstreitet, ruft dagegen Unlustgefühl hervor. Dieses Gesetz ist eine so gute und sichere Induktion, wie es überhaupt geben kann, und im Verein mit dem früher erwähnten Gesetze für den Willen gestattet es uns einen ersten klaren Einblick in die Mechanik des organischen Lebens: jedes Wollen sucht Lustgefühl zu gewinnen oder Unlustgefühl zu meiden; jedes Lustgefühl ist aber das Anzeichen der Übereinstimmung und jedes Unlustgefühl das Anzeichen des Zwiespaltes im Wesen. Mithin wird all unser Wollen ein Streben nach der Erhaltung des Wesens, d. h. all unser Wollen ist Selbstbehauptung. Kein menschliches Wesen kann anderes wollen als sein eignes Selbst; das gilt vom Märtyrer, der lieber den Scheiterhaufen wählt als seinen Glauben abschwört, wie es vom Egoisten und dem gedankenlosen Leichtsinnigen gilt. Man kann sein Selbst aber auf verschiedene Weise auffassen und behaupten, und der rechten Selbstauffassung muss offenbar das rechte Wollen, die rechte Selbstbehauptung entsprechen, die Behauptung des Selbst als ideell die ganze Menschheit umfassend.

Dass nicht alle Selbstbehauptung unmittelbar die rechte Selbstbehauptung wird, hat u. a. in folgendem Umstande seinen Grund. Indem das Gefühl bald als Lust- und bald als Unlustgefühl auftritt, wird es eine Art

Barometeranzeige, ob im Wesen Harmonie oder Zwiespalt stattfindet. Diese Harmonie oder dieser Zwiespalt kann aber an Tiefe und Dauer sehr verschieden sein. In dem Augenblick, wo das Kind die grünen Stachelbeeren verzehrt, erhält es ein Lustgefühl, und dieses ist das Anzeichen einer wirklichen augenblicklichen Harmonie zwischen dem Wohl des Organismus und der ersten Wirkung der eingeführten Stoffe. Beim allmählichen Fortschreiten der Wechselwirkung kann indes eine ausgeprägte Disharmonie entstehen. Auch diese wird das Gefühl anzeigen, indem es als Unlustgefühl auftritt. Das anfängliche Lustgefühl erzählte aber nichts von diesen späteren Wirkungen, und hierin besteht das, was man die **ethische Unzuverlässigkeit des unmittelbaren Gefühls** nennen könnte.

Diese Unzuverlässigkeit kann überdies eine noch gefährlichere Form annehmen. Habe ich mir aus wertvollen oder wertlosen Gründen die Vorstellung gebildet, dass das Eintreten einer gewissen Begebenheit mir frommen wird, und höre ich darauf, dass die Begebenheit eingetreten ist, so erhalte ich ein Lustgefühl. Dieses tritt also als Ausdruck einer Harmonie zwischen der Mitteilung und meinem **vermutlichen** Wohl auf, und da meine Vermutungen oft falsch sein können, wird das Gefühl mithin auch auf diese Weise ein unzuverlässiger Wegweiser über den Augenblick hinaus, wenn der erste Fehler hier auch nicht am Gefühl sondern am Denken liegt.

Wie all das Vorhergehende gezeigt haben möchte, besteht die Ethisierung des Menschenlebens jedoch gerade darin, dass wir allmählich diese Unzuverlässigkeit immer mehr entfernen und das Gefühl in einen zuverlässigen Führer unseres Handelns umwandeln. Wir beginnen mit dem Denken, mit dem Vorstellungsleben. Soll ich das Rechte tun, so muss ich vor allen Dingen in jedem einzelnen Falle wissen, was das Rechte ist. Gerade dadurch aber, dass wir unsere Vorstellungstätigkeit auf rechte Weise üben und unseren Vorstellungsinhalt auf rechte Weise organisieren, gewinnen wir diejenige Verteilung des Gefühls, welche die Vorstellung von dem rechten Handeln zu der am stärksten lustbetonten und die Vorstellung von dem unrechten Handeln zu der am stärksten unlustbetonten aller unserer Vorstellungen macht. Und in demselben Masse, wie wir somit die widerspruchlose, die ethische Verteilung des Gefühls errungen haben, in demselben Masse wird das Gefühl auch der zuverlässige Führer werden, den wir suchen.

Als die schliessliche Aufgabe alles menschlichen Handelns können wir also die wahre Selbstbehauptung, die Behauptung des wahren, des idealen Selbst aufstellen.[1]) Diese wird aber wieder eins und dasselbe wie der Kampf für die Erreichung des in Wahrheit tiefsten Lustgefühls, eines guten Gewissens im vollen positiven Sinne des Wortes, und für die Vermeidung des in Wahrheit tiefsten Unlustgefühles, des bösen Gewissens. Will man dieses Streben ein Streben nach Glückseligkeit nennen, so mag die Ethik insoweit eine Glückseligkeitslehre[2]) heis-

---

[1]) Wie leicht zu ersehen, umfasst die Selbstbehauptung in diesem Sinne des Wortes auch die Selbsthingabe und die Selbstaufopferung und bildet keinen Gegensatz dieser Bestimmungen.

[2]) Gegen diesen Ausdruck könnte man doch im Anschluss an *Bang* den Einwurf erheben, dass die Pflicht zuweilen so schwer sein kann (z. B. wenn *Titus Manlius* den eignen Sohn zum Tode verurteilen muss), dass man sie nur erfüllt, um ein noch tieferes Unlustgefühl zu vermeiden. Es ist überhaupt nicht **gegeben**, dass das Dasein uns notwendigerweise einen Überschuss an Lustgefühl bringen müsse.

sen, wie sie also zugleich eine Lustlehre wird — wenn dieser Ausdruck ohne alle Verzerrung aufgefasst wird. Auch eine **Vollkommenheitslehre** kann sie aber mit gleichem Rechte heissen, insofern das erstrebte Gefühl ja gerade dasjenige ist, welches dem widerspruchlosen, dem idealen, dem vollkommen Menschenwesen entspricht.

Unter den beiden Ausdrücken für den Zweck ist die Selbstbehauptung aber der abgeleitete. Wir behaupten unser Selbst, weil unser Streben nach Lustgefühl es so mit sich bringt. Das Gefühl ist, wie bereits (S. 20) hervorgehoben, das einzige schliessliche Ziel des Strebens jedes fühlenden Wesens.

Noch einen dritten, noch mehr abgeleiteten Ausdruck für das rechte Betragen erhalten wir, wenn wir hervorheben, dass die wahre Selbstbehauptung ja wieder **die Behauptung der Gattung, das Streben für das Wohl sämtlicher fühlenden Wesen** wird. Natürlich ist dieser Ausdruck dem gemäss zu verstehen, was wir für das Individuum gültig fanden. Unter dem Wohl eines Menschen ist sein wahres Wohl zu verstehen und nicht, was er möglicherweise in leicht durchschaulicher Kurzsichtigkeit selbst für sein Wohl halten mag. Ebensowenig wie die Gesellschaft dem Trunkenbold unentgeltlich Branntwein verabreicht oder dem Diebischen die Gelegenheit zum ungestörten Stehlen gibt, ebensowenig gebietet uns das ethische Gesetz, so direkte Rücksicht auf »die Neigungen und die Bedürfnisse des Schweines und des Thoren« zu nehmen. Das würde von geringer Achtung vor dem wahren Menschlichen zeugen, welches sich sicherlich doch auch hinter dem weniger schicklichen äusseren Auftreten verbirgt. Ganz wie die Gesellschaft sich bestrebt, die verkümmerten Existenzen wieder zu erheben, muss auch das ethische Gebot in dieser Richtung deuten; das Entgegengesetzte würde zeigen, dass man nicht allgemein handelte, nicht seinen Nächsten wie sich selbst liebte.

Auch in betreff dieses dritten Ausdrucks für das rechte Betragen müssen wir indes einen Einwurf berühren, der oft gegen die Versuche erhoben worden ist, die Ethik aus dem Inneren des Individuums herzuleiten.

Wie ist es möglich, hat man gefragt, das Allgemeinhandeln aus der Rücksichtnahme des Individuums auf sich selbst herzuleiten? Muss jede solche Herleitung sich nicht auf die Voraussetzung gründen, dass das Wohl der Totalität mit meinem eignen wohlverstandenen Wohl identisch ist, und ist diese Voraussetzung nicht eine gar zu kühne Voraussetzung?

Das Vorhergehende wird erwiesen haben, dass wir uns nicht auf diesen Satz als Voraussetzung stützen, diesen im Gegenteil als Resultat gewannen, indem es sich gerade zeigte, dass mein eignes Wohl nicht wohlverstanden sei, solange es nicht das Wohl sämtlicher fühlenden Wesen umfasste. Bis dahin würde meine Auffassung einen Widerspruch enthalten. Es ist also der Ausdruck »wohlverstanden«, auf den das Gewicht zu legen ist. Zwischen meinem oberflächlich verstandenen Wohl und dem Wohl der Totalität wird gewöhnlich Streit herrschen, und zwar ein um so grösserer, je oberflächlicher ich mich selbst verstehe. Der Streit wird aber immer mehr wegfallen, je tiefer mein Selbstverständnis wird, und auf der idealen Stufe wird Einigkeit walten.

Wie stark das einzelne Individuum sich dieser idealen Stufe nähert, ist eine ganz andere Frage, mit der die

Ethik jedoch nichts zu schaffen hat. Diese Disziplin hat, wie schon wiederholt hervorgehoben, nicht dafür zu sorgen, dass alle Menschen ethisch werden, und im Anschlusse hieran wird die allgemeine Bemerkung nicht am unrechten Platze sein, dass man die Einwürfe gegen eine ethische Theorie meistens in zwei Klassen teilen kann, deren eine sich unwillkürlich eben auf diese falsche Voraussetzung gründet und somit wertlos wird. Wollte man z. B. gegen die hier aufgestellte Theorie einwenden, A finde vielleicht das Lustgefühl an mathematischen Studien höher als jedes andere, B meine vielleicht, die Liebe sei die höchste Lust des Lebens u. s. w. u. s. w. (Der Begriff der Moral, S. 169), so wäre hierauf ganz einfach zu entgegnen, dass dies sich ohne die allergeringste Schwierigkeit mit der Theorie in Einklang bringen lässt, die ja gerade selbst behauptet, dass das Ethische bei den verschiedenen Individuen in weit verschiedenen Graden zu finden sein wird. Die allgemeine Gültigkeit des ethischen Gesetzes und nicht dessen allgemeine Erfüllung bedingt ja eben die Allgemeinheit der Ethik.

IX.

Die Ethik sollte eine Lehre von dem rechten Wollen sein, und bisher haben wir fast ausschliesslich von dem Vorstellen und Fühlen gesprochen. Dies hat indes seine natürlichen und naheliegenden Gründe. Wir packten das Problem von aussen an und sind nach und nach immer mehr auf dessen Zentrum zu vorgerückt, das gerade auf dem Gebiete des Willenslebens liegt. Dabei waren wir bisher so glücklich, uns auf psychologische Voraussetzungen so elementarer Art stützen zu können, dass sich gegen deren Gültigkeit kein berechtigter Zweifel oder Einwurf erheben lässt. In allem vorher Angeführten gewahren wir deshalb zunächst eine Bestätigung der Annahme, dass eine wissenschaftliche Ethik möglich ist. Die Untersuchung ist aber noch nicht beendet, und indem wir zu einer Betrachtung der **Rolle des Willenslebens in der Ethik** schreiten, stösst uns der Übelstand auf, dass über die nähere Beschaffenheit des menschlichen Willens unter den Psychologen höchst verschiedene Anschauungen herrschen, die aufs neue damit drohen, die Wissenschaftlichkeit der Ethik zur Unmöglichkeit zu machen.

Es ist das so manchmal behandelte und so manchmal zerhauene aber nie wirklich gelöste Problem von der sogenannten **Willensfreiheit**, das wir unvermeidlich antreffen, sowie wir unsere Betrachtungen weiter zu führen suchen. So sollst du handeln! lautete das ethische Gebot. Gestzt nun aber, dass der Mensch in seinem Handeln ebenso durch die Notwendigkeit bestimmt wäre wie der herabfallende Stein! *Holberg* wollte ja, wie wir hörten, nichts von der theologischen Lehre von der Prädestination wissen. Gesetzt nun aber, das ganze Dasein wäre mechanisch kausalbestimmt, das eine Individuum wäre zum Buben, das andere zum Ehrenmann prädestiniert! Ware dann nicht alle Rede von einer Ethik völlig sinnlos, ein nebelhafter Selbstbetrug, von dem es sich möglichst bald zu befreien gölte? Hier ist offenbar ein Problem, das sich weder überspringen noch im vorliegenden Zusammenhange subjektiv mittels eines Machtspruches lösen lässt.

Es gibt indes innerhalb des Gebietes der Forschung wohl kein anderes Problem, das so viel unklares und phantastisches Reden veranlasst hat wie eben das Willensproblem. Die meisten der zur Erörterung gewöhnlich benutzten Ausdrucke sind schon an und für sich stark missweisend. Man redet von der Freiheit des Willens, während das ganze Problem in der Tat eine Frage nach der Freiheit des wollenden Subjektes ist. Man fragt: Wenn ich ein Wollen erzeuge, bin ich dann durch das Kausalgesetz bestimmt oder nicht? Meistens vergisst man aber zu definieren, was man unter dem Ausdruck »Kausalgesetz« versteht. Man spricht von Determinismus und Indeterminismus, vergisst aber, dass letzterer Ausdruck aller einfachen Erfahrung gemäss hier etwas weit Spezielleres als gewöhnlich bedeutet. Man löst das Problem im Handumdrehen, indem man wie ein Held auf Ungereimtheiten einhaut, an deren Verfechtung kein vernünftiger Mensch gedacht hat, während man gleichzeitig die wirklichen Schwierigkeiten unbeachtet lässt.[1]) Wie das populäre Bewusstsein seine wechselnden Perioden hat, während deren es die höchste Mode ist, das Problem bald in dieser, bald in jener Richtung zu lösen, so scheint es fast auch mit der Forschung selbst zu gehen; bald schwankt man nach einer, bald nach der anderen Seite. Die Folge wurde aber, dass die Lösung des Problems seit *Kant* in Wirklichkeit kaum um einen Hahnenschritt weiter gebracht ist.

Die Aufgabe der zunächst folgenden Betrachtungen wird nun die sein: erst möglichst scharf nachzuweisen, worum das Problem sich in der Tat handelt, und was nur auf rein phantastische Rechnung mit in die Erörte-

---

[1]) Vgl. *W. James:* Psychology (London 1891) II, 577: Caricatures of the kind of supposition which free will demands abound in deterministic literature.

rung hineingezogen werden kann, und darauf darzulegen, dass hier wirklich noch verschiedene Möglichkeiten sich gegenüberstehen, deren keine aus wissenschaftlichen Gründen für die einzig richtige und annehmbare erklärt werden kann. Welche Folgen dies für die fragliche Ethik haben muss, wird dann unsere nächste Frage.

Es wird nicht überflüssig sein, mit der Bemerkung anzufangen, dass die Frage nach der näheren Beschaffenheit des Willens, d. h. des wollenden Subjektes unmittelbar natürlich eine psychologische und keine ethische oder juristische Frage ist.[1]) Die Ethik und das Jus müssen sich nach der Beschaffenheit des Menschen richten und nicht umgekehrt. Finde ich, dass der Mensch auf diese oder jene Weise geschaffen ist, so muss ich auch die Ethik und das Rechtssystem auf diese oder jene Weise gestalten; ist der Mensch ganz anders geschaffen, so sind beide Disziplinen offenbar abzuändern, wenn die volle Übereinstimmung stets bewahrt werden soll. Es ist deshalb für beide diese Disziplinen von Wichtigkeit, eine möglichst sichere und objektive psychologische Grundlage zur Stütze zu haben.

Was das wollende Ich metaphysisch sei, kann uns auch hier gleichgültig sein. Ob es spirituell oder materiell oder etwas von beidem ist, ob es eine »Substanz«, ein Atom oder ein Stückchen Gehirn ist, wird für uns insofern unwesentlich, als jede dieser Auffassungen uns ja augenblicklich zu der weiteren Annahme zwingen würde, der betreffende Träger sei ein eigentümliches Etwas geworden, das auf gegebenen Anlass das Vorstellen, Fühlen und Wollen auf die wohlbekannte menschliche

---

[1]) Vgl. »Unsere Naturerkenntnis«, S. 215, 219.

Weise zu produzieren vermöchte, mithin wäre, was wir alle in der Tat unter einer Menschenseele verstehen. Es verhält sich mit den metaphysischen Seelentheorien ungefähr wie mit der Entwickelungstheorie: Nimmt man an, dass der Mensch vom Affen abstammt, so wird der Mensch darum doch nicht gleich ein Affe. Der Mensch bleibt eben, was er war. Dagegen wird der Affe nun etwas anderes und etwas mehr, als das, wofür wir ihn bei einer unmittelbaren Betrachtung halten würden, indem wir jetzt diese Entwickelungsmöglichkeit hinzuzusetzen haben. Nur eine einzige metaphysische Theorie betrachten wir als ganz unmöglich. Man kann die Seele nicht gleich der Summe unserer Vorstellungen u. s. w. setzen. Denn hundert oder tausend Vorstellungen vermögen ebensowenig zu empfinden, fühlen und wollen als eine einzige. Die Empfindungen müssen aber doch wirklich empfunden und die Gefühle gefühlt werden von einem Zentrum, von dem Etwas, das wir nun einmal ein Ich nennen. Meine Ichvorstellung kann eine Summe von Vorstellungen sein. Etwas ganz anderes ist aber eben das empfindende, fühlende und wollende Subjekt, das wir, ob wir uns dessen bewusst sind oder auch nicht, notwendigerweise beständig mithaben müssen, jedesmal, wenn wir uns ein Vorstellen, Fühlen oder Wollen deutlich denken.

Fragen wir nun näher nach dem wollenden Ich oder nach dessen Wollen, so erhalten wir durch eine einfache Reihe Erfahrungen sogleich recht wertvollen Bescheid.

So lehrt uns die Erfahrung, dass, damit ein Wollen entstehen soll, es etwas zu wollen geben muss; es muss eine gefühlsbetonte Vorstellung geben, welche die Richtung und die Stärke unseres Wollens bestimmt oder mitbestimmt; es muss ein Motiv geben. Alles eigentliche Wollen — und nur mit diesem beschäftigt sich unser Problem — ist motiviertes Wollen. Von einem wilden, vogelfreien Wollen weiss die Erfahrung nicht das Geringste. Der menschliche Wille kann bei den verschiedenen Individuen »stärker oder schwächer sein«, kann dies auch bei demselben Individuum zu verschiedenen Zeiten, so dass die Reaktion des wollenden Ich auf ein gegebenes Motiv in den verschiedenen Fällen ein etwas verschiedenes Aussehen annehmen kann. Ganz auf dieselbe Weise kann aber hinsichtlich der Klarheit der Vorstellung, der Stärke des Gefühls u. s. w. bei verschiedenen Individuen Verschiedenheit stattfinden.

Die Erfahrung lehrt uns ferner, dass unser Wollen, wo mehrere Motive sich regen, bald die Richtung des einen, bald die des anderen einschlagen kann; das Subjekt kann, wie es gewöhnlich heisst, unter verschiedenen Möglichkeiten des Handelns »wählen«.

Dass ferner das Ich stets dem »stärksten« Motiv folgen wird, lässt sich schon rein analytisch entscheiden, insofern wir ja keinen anderen und besseren Massstab für die »Stärke« eines Motivs besitzen als eben den Umstand, dass dasselbe vom Subjekte den anderen Motiven vorgezogen wird. Dagegen kann die gewöhnliche Erfahrung uns natürlich nichts darüber sagen, worauf die solchergestalt definierte Stärke, näher betrachtet, beruht. Ist es das gesamte konkrete Motiv, oder ist es ausschliesslich dessen abstrakte Gefühlsseite, was hier in Betracht kommt? Und ist es das gesamte Motiv, wonach wird denn die »Stärke« der Vorstellungsseite und die »Stärke« der Gefühlsseite bestimmt? Mit welchem Gewichte wirkt jede Seite bei der Berechnung? Ist sowohl die Qualität als die Quantität zu berücksichtigen? Dies sind offenbar noch offne Fragen.

Dagegen kann die Erfahrung uns wieder lehren, wie das ganze menschliche Wollen solcher Beschaffenheit ist, dass wir, wenn der Charakter des betreffenden Individuums und die vorliegende Situation uns bekannt sind, mit einer gewissen Annäherung und Wahrscheinlichkeit das Betragen des Individuums vorauszusagen im stande sind. Es muss also — was wir schon nach dem Vorhergehenden hätten voraussagen können — zwischen dem Charakter und dem Betragen eines Menschen eine gewisse bedeutende Übereinstimmung stattfinden.

Dies alles lehrt uns jede zuverlässige Erfahrung. Auf die Basis dieser Voraussetzung muss sich daher jede Untersuchung und jede Debatte über die nähere Beschaffenheit unseres Wollens gründen, und nur, was sich ohne Widerspruch zu dieser empirischen Grundlage hinzufügen lässt, ist einer Untersuchung wert und hat die Möglichkeit, das Rechte zu sein.

Soll aber alle Phantasterei ferngehalten werden, so kann man von der genannten Grundlage aus offenbar nur auf eine der beiden folgenden Arten weiter schreiten:

Entweder kann man die Behauptung aufstellen, das wollende Subjekt erzeuge sein Wollen mit derselben mechanischen Notwendigkeit wie der Stein sein Fallen, so dass alles menschliche Betragen, ideell betrachtet, mithin mit mathematischer Genauigkeit vorauszuberechnen sei. Die Unvollkommenheit, mit der wir tatsächlich über alles künftige Handeln urteilen, wäre dann durch unsere unvollkommene Einsicht sowohl in den Charakter des Handelnden als auch in die vorliegenden Umstände zu erklären.

Oder man könnte sagen: Wo die Welt der Persönlichkeit beginnt, da muss die mechanische Naturnotwendigkeit sicherlich ihre Grenze haben. Ein Mensch, ein wollendes Ich, muss sicherlich, wie *Kant* es ausdrückt, »eine frei wirkende Ursache« sein,[1]) nicht so, dass er in irgend einem Augenblicke sollte sinnlos alles Mögliche wollen können, sondern so, dass er den gegebenen Motiven mit einem durch seine eigne Machtvollkommenheit bestimmten grösseren oder geringeren Eifer folgt, der zwar innerhalb des durch die Erfahrung gegebenen Rahmens abgegrenzt sein muss, durch die Vergangenheit des Individuums jedoch nicht mechanisch eindeutig bestimmt ist.

Das sind die beiden Hypothesen, über die sich streiten lässt, wenn der Streit Sinn haben soll. Mit irreleitenden Namen werden sie gewöhnlich der Determinismus und der Indeterminismus genannt. Letzterer Ausdruck ist ungeeignet, weil er sowohl als Ausdruck dafür, dass das wollende Ich nicht vollständig durch die Notwendigkeit bestimmt ist, als auch als Ausdruck dafür, dass er durchaus nicht durch irgend etwas bestimmt ist, aufgefasst werden kann. Indem aber die Verfechter der deterministischen Hypothese in den allermeisten Fällen ihre Waffen unwillkürlich allein gegen letzteres Phantasieungeheuer richten, das offenbar keine Niedermetzelungen mehr verdient, da die Erfahrung es bereits ums Leben gebracht hat, werden nur an überflüssige Taten Kräfte vergeudet, und wird die ganze Sache getrübt, weil der weniger kritische Leser den Eindruck davonträgt, der Kampf sei nun vorbei und die

---

[1]) Grundlegung zur Metaphysik der Sitten, v. Kirchmanns Ausg. S. 89.

Frage ins reine gebracht. Um diese Verwirrung abzuwenden, wäre es vielleicht am geeignetsten, die genaueren Benennungen der beiden Hypothesen: der **absolute und der relative Determinismus**[1]) einzuführen.

Jede der beiden Hypothesen liegt sehr nahe zur Hand. Dass unser Betragen in hohem Grade durch die ganze Eigentümlichkeit unseres Charakters bestimmt ist, lässt das Leben uns bald merken, und ebenfalls gewinnen wir ohne Schwierigkeit die Überzeugung, dass eine Menge unserer seelischen Tätigkeiten einen ganz mechanischen Verlauf nehmen. Zugleich behalten wir aber in der Regel eine starke unmittelbare Überzeugung, dass dieser Mechanismus nur bis zu einem gewissen Punkte geht, und dass wir in unserem eigentlichen Wollen eine eigentümliche **Aktivität** an den Tag legen, die uns von unserer Vergangenheit relativ unabhängig macht und bewirkt, dass wir in dem wollenden Ich ein Glied des Daseins erblicken, welches **von jedem anderen in der Welt verschieden ist**, indem jedes andere dem **Gesetze der Beharrung** gemässt wirkt, passiv und unpersönlich, nach allgemeinen Regeln, ohne Spur des »**Vermögens des Beginnens**«, der **Selbstbestimmung**, der **eigentümlichen Individualität**, die sich uns durch jedes eigentliche Wollen zu offenbaren scheint. Selbst wenn wir **in der Theorie** absolute Deterministen sind, sind

---

[1]) Als ganz bezeichnend mag in diesem Zusammenhang hervorgehoben werden, dass sogar ein so lyrisch-idealistischer Schriftsteller wie *Sören Kierkegaard* ein liberum arbitrium ein »Denk-Unding« nennt, — »das nirgends zu Hause gehört«. (»Der Begriff der Angst«, 2. Aufl. S. 45, 117.) *K.* hat bei letzteren Worten offenbar nicht an die Schriften der Deterministen gedacht, wo dasselbe Denk-Unding nur gar zu oft zum Schlachten gemästet wird.

wir das in Wirklichkeit wohl nie in unserem praktischen Wirken. Trotz aller Theorie verlieren wir dennoch gewiss nie den Glauben gänzlich, dass wir uns auch aus eigner Machtvollkommenheit mehr oder weniger anstrengen können und hierdurch im stande sind, die uns von unserer Vergangenheit diktierte Bahn in höherem oder geringerem Masse abzuändern.

So ungefähr gestaltet sich die Vorstellung von dem relativen Determinismus. Indem aber keines der mehr oder weniger vagen Räsonnements, auf die derselbe sich stützte, entscheidend ist, bleibt auch für den absoluten Determinismus Raum übrig. Ist es nicht eine ungereimte Ansicht, dass das wollende Ich ein Unicum der Welt sein sollte, das sich über das Gesetz erhöbe, dem unserer Überzeugung nach alles andere gehorchen müsse? Wäre die Ansicht nicht wahrscheinlicher und mehr befriedigend, dass diese scheinbare Aktivität oder Fähigkeit, sich selbst zu bestimmen, am Ende dennoch nur Passivität und lauter Bestimmtwerden durch anderes wäre, und dass das Blendwerk nur davon herrührte, dass der Mensch, die Persönlichkeit, eine gar zu zusammengesetzte Maschinerie ist, als dass es möglich ist, die Beharrung, die mechanische Wechselwirkung von dem ersten äusseren Anstosse an bis zu dem Resultate, das wir gerade betrachten, zu verfolgen?

Es ist also sehr leicht verständlich, dass alle beiden Hypothesen sich geltend gemacht haben. Zugleich ist aber leicht zu ersehen, dass keins der angeführten Räsonnements auch nur im geringsten entscheidend ist. Der gewöhnliche Kausalsatz: jede Veränderung hat ihre Ursache, d. h. jede Veränderung ist qualitativ und quantitativ eindeutig durch ein gewisses Vorausgehendes bestimmt, welches stets dieselbe herbeiführt und ohne welches sie nie eintritt, ist ganz einfach die formulierte Bedingung für die völlige Berechenbarkeit des Daseins, ist kein Resultat, sondern ein Postulat, eine Urhypothese, mit der wir all unser Forschen beginnen.[1]) Diese Auffassung, die vor ca. 20 Jahren einen nicht geringen Widerstand antraf, ist jetzt so ziemlich allgemein anerkannt. Ist dies aber der Ursprung des Satzes, so haben wir mithin keine Garantie, dass derselbe für das ganze Dasein Gültigkeit haben wird.[2]) Auch die meisten absoluten Deterministen sehen in dem wollenden Subjekte ein von allen anderen Gliedern des Daseins auf eigentümliche Weise verschiedenes Glied, dem sie in so entscheidenden Beziehungen eine ausgeprägte Sonderstellung beilegen, dass es rein dogmatisch sein würde, wollte man nicht mit den beiden Möglichkeiten von dessen Beschaffenheit zugleich rechnen, bis mehr entscheidende Gründe die eine zu Boden schlagen werden. Oder wäre es nicht möglicherweise das Natürlichste und Einfachste, zwei Urhypothesen aufzustellen, eine für die Welt, die wir ohne Schwierigkeit einem quantitativ strengen und eindeutigen Gesetze unterstellen, und eine andere für das eigentümliche Glied, dessen rein mechanische Auffassung uns nun einmal so grosse Schwierigkeiten bereitet? Etwa diesen Ausweg wählte *W. Wundt,* einer der bedeutendsten der jetzigen deutschen Philosophen, indem er es überhaupt sinnlos findet, auf dem Gebiete des Willenslebens von mechanischer Äquivalenz zu reden.[3]) Wäre die Rede von

---

[1]) Vgl. »Unsere Naturerkenntnis«, Kap. 14.
[2]) Vgl. die in »Unserer Naturerkenntnis«, S. 241 angeführten Äusserungen von *v. Helmholtz.*
[3]) »Ethik«, Stuttgart 1886, S. 397 —.

einer Wahl unter mechanischem Kausalzusammenhange und wilder Zusammenhanglosigkeit, so wäre die Sache schon entschieden. Die wirkliche Frage ist aber ja, wie wir sahen, eine Frage nach mathematisch berechenbarem, d. h. durch die mechanischen Gesetze bestimmtem Zusammenhange oder nach einem freieren psychischen Zusammenhange innerhalb des durch die Erfahrung gegebenen Rahmens. Es ist deshalb ganz freie Phantasie, wenn man gemeint hat, es würde der Wissenschaft durch die Annahme des relativen Determinismus Unheil widerfahren. Psychology will be Psychology and Science Science as much as ever (as much and no more) in this world, whether free will be true in it or not, sagt *W. James*,[1] und dieser Satz ist ganz einfach analytisch. Denn allerdings hebt die genannte Willenshypothese die quantitative Bestimmtheit auf dem Gebiete des Willenslebens auf; die Hypothese selbst ist ja aber erst gerade dadurch möglich geworden, dass wir schon vorher auf dem Gebiete des Willenslebens gar nicht quantitativ zu erkennen vermochten. An dem Tage, an welchem wir so geschickt werden, fällt die Doppelmöglichkeit weg, so dass die Wissenschaft weder jetzt noch später den allergeringsten Schaden erleiden wird.

Werden wir somit aber gezwungen, vorläufig mit einer doppelten Möglichkeit zu rechnen, so wird die nächste Frage die, ob wir doch nicht im stande sein sollten, mittels weiteren Erwägens die eine der beiden Hypothesen zu vernichten und hierdurch die andere zum einzigen Auswege zu machen.

---

[1] Psychology II, 576.

Da der relative Determinismus durch die Annahme charakterisiert ist, dass das wollende Subjekt in einem gegebenen Falle mit einem grösseren oder geringerem Aufwande von Eifer oder Aktivität auf ein gegebenes Motiv wird reagieren können, während er sonst dieselben Anschauungen hegt wie der absolute Determinismus, ist ein Angriff auf ihn offenbar gegen diesen Punkt zu richten. Man hat nun auch eingeworfen, wenn das Subjekt wirklich in einem gewissen Falle auf ein Motiv z. B. von der Stärke 100 mit einem Wollen sowohl von der Stärke 101 als von der Stärke 99 reagieren könne, sei es gar nicht zu begreifen, woher dieser Überschuss oder Ausfall stamme; dieser erscheine als ein »kausalloses Wunder« ohne irgend eine Vergangenheit und deshalb wohl auch ohne allen Zusammenhang mit der Zukunft.

Dieser Einwurf bewegt sich jedoch in einem Kreise. Der ganze ungeteilte Wille rührt selbstverständlich von dem Ich, der »frei wirkenden Ursache« her, die ja gerade der Voraussetzung zufolge keine mechanische, sondern wie *Wundt* es nennt, eine psychische Ursache ist. Man hat also nur die wenig überraschende Bemerkung gemacht, dass wo keine Berechenbarkeit gefunden wird, auch keine Berechenbarkeit zu finden ist. Hierin liegt nun wohl eigentlich auch nichts Wunderbares, und was das Verständnis oder die Begreiflichkeit betrifft, so gibt es, näher besehen, ja nicht einmal einen Unterschied zwischen den beiden Fällen: Dass die Reaktion gerade 100 wird, verstehen wir nicht besser, als dass sie ungefähr 100 wird; vielmehr erscheint erstere Genauigkeit uns als noch ein Rätsel, oder besser: das würde sie tun, wenn unsere gewöhnliche Voraussetzung von einer Äquivalenz unsere Aufmerksamkeit nicht in

Beschlag nähme und sie derselben entzöge. Mit anderen Worten: der eine Fall ist unter der einen Voraussetzung ebenso verständlich wie der andere unter der anderen. Nicht die Begreiflichkeit, sondern die Berechenbarkeit ist — ideell besehen — verschieden.

Was wird aber dadurch gewonnen — hat man ferner eingewandt — dass man auf Kosten des eindeutigen Kausalzusammenhangs an so ein bisschen Freiheit glaubt, die nur darin besteht, dass das Subjekt mit ein wenig grösserem oder geringerem Eifer den gegebenen Motiven folgen kann?

Es wird die Möglichkeit gewonnen, eine Mehrheit seelischer Erscheinungen erklären zu können, die uns sonst als widerspruchsvoll und ungereimt dastehen würden, antworten die Anhänger der Lehre. Schon die Tatsache, dass wir uns oft unter Selbstüberwindung bemühen, um ein gewisses Ziel zu erreichen, lässt sich schwerlich durch die Lehre von einer vollkommenen Notwendigkeit erklären. Man denke sich z. B. einen Studenten, dem eine verdriessliche Prüfung bevorsteht, fest davon überzeugt, dass alles vorausbestimmt sei, sowohl welche Zensur er erhalten werde, als wie eifrig er arbeiten müsse, um diese zu erhalten! Wird dies ihm nicht alle Veranlassung, jegliches Motiv benehmen, sich zu bemühen? Mithin scheint es entweder dem absoluten Determinismus unerklärlich werden zu müssen, dass Menschen sich überhaupt jemals unter Selbstüberwindung bemühen, oder wenn man sagen will, auch die Anstrengung komme mit Notwendigkeit, wird es dann nicht unfasslich werden, wie eine solche Anstrengung sich damit in Einklang bringen lässt, dass man gleichzeitig den festen Glauben hat, ein andrer Erfolg als der vorausbestimmte sei unmöglich? *Stuart Mill* stellte bekanntlich den Versuch an, zwischen absolutem Determinismus und Fatalismus zu sondern; dies gelang ihm aber nicht; halbwegs machte er Halt, und offenbar wird es schwerlich gelingen können, wenn man der Theorie mit Unbefangenheit ganz auf den Grund geht.[1])

Eine andre psychische Tatsache ist das menschliche Verantwortlichkeitsgefühl. Die allermeisten Menschen hegen eine feste Überzeugung, dass sie für ihr Betragen verantwortlich sind, dass es das Individuum entwürdigt, gewisse Handlungen zn begehen, ja, dass es Handlungen gibt, wegen deren die Gesellschaft mit Recht das Individuum zur Rechenschaft ziehen und bestrafen kann. Ein nicht geringer Kreis von absoluten Deterministen ist derselben Meinung, während andre behaupten, Verantwortlichkeit und absoluter Determinismus schlössen sich gegenseitig aus, so dass das Verantwortlichkeitsgefühl vom Deterministen als ein betrügerisches Gefühl zu kennzeichnen sei.

Es ist leicht zu ersehen. was den absoluten Deterministen zu letzterer Anschauung bewogen hat. Beging z. B. ein Mann einen Einbruchsdiebstahl, so tat er das mit Notwendigkeit. Er konnte nicht anders. Das Schillersche: Du kannst, denn du sollst! hatte für ihn keine Gültigkeit. Sein Charakter erzeugte diese Handlung kraft allgemeiner Gesetze, denen nur ein Thor zürnen könnte, und über diese Gesetze hinaus war der Mann ein Nichts. Auch sein Charakter selbst war diesen Gesetzen gemäss gebildet. Kein Element hatte jemals versagt, keines war je auf eigne Faust gegangen; allenthalben war nur vollkommener Gehorsam gegen das Gesetz.

---

[1]) »Unsere Naturerkenntnis«, S. 232—34.

zu finden. Mit welchem Gran von logischem Rechte sollte ihm jemand etwas vorwerfen können? Er ist ein wollendes, selbstbewusstes Wesen, wird entgegnet. Was Neues liegt aber hierin, solange man an der Theorie festhält? Man darf nicht plötzlich vergessen, dass es gerade die Voraussetzung war, auch ein wollendes, selbstbewusstes Wesen sei nur eine Maschine, eine Maschine, an der einige der Räder oder der Bewegungen Denken und Wollen heissen, wo aber die Grundeigentümlichkeit der Maschine: die Beharrung, die Eindeutigkeit, beibehalten ist. Es ist richtig, dass man auch bei dem determinierten Individuum von »Aktivität« und »Anstrengung« reden kann; dies bedeutet hier aber dasselbe wie die Aktivität und Anstrengung einer Dampfmaschine, wenn stärker geheizt wird. Man kann nicht zugleich sowohl eine Maschine als auch doch etwas andres als eine Maschine erhalten, und wird die Voraussetzung festgehalten, so hilft alles Denken und Wollen daher nichts. Auch diese Räder haben sich der Voraussetzung zufolge weder verlaufen, noch irgend etwas vernachlässigt. Hier von Entwürdigung, Versäumnis, Strafwürdigkeit oder dgl. zu reden, würde dem gleichkommen, dass man von einer schlechten Uhr oder einem unergiebigen Obstbaume dasselbe sagte. Nur, wo wirklich begonnen wird, kann Sinn darin liegen, von Verantwortlichkeit zu reden.

Dass der relative Determinismus dagegen die Erscheinung der Verantwortlichkeit zu bewältigen vermag, ist insofern nicht überraschend, als eben diese Erscheinung gewiss eine der allerwesentlichsten Veranlassungen zur Bildung dieser Hypothese gewesen ist. Indem das Subjekt willkürlich mit grösserem oder geringerem Eifer dem bestimmten Motive folgen kann, wird es somit schon von früh auf wirklich aktiv an dem Aufbau seines Charakters teilnehmen können laut des bekannten: Wie du handelst, so wirst du! Und möglicherweise ist der Spielraum für jeden einzelnen Ausschlag des Willens nur ein engbegrenzter; durch Anhäufung aller dieser kleinen Beiträge wird es aber möglich sein, im Laufe der Zeit eine ziemlich bedeutende Änderung des Charakters sowohl nach der einen als der anderen Seite hervorzubringen, wie denn selbstverständlich die kleinen Änderungen auch sich so entgegenarbeiten können, dass die Richtung wesentlich unverändert beibehalten wird. Der einzelnen bestimmten Handlung gegenüber wird das gereifte Individuum daher mit einem Charakter dastehen, den es zum Teil selbst geschmiedet hat, und ist dieselbe eine eigentliche Willenshandlung mit vorhergehender Erwägung und Wahl, so werden also nicht nur die ersten, vielleicht passiv auftauchenden Motive durch den solchergestalt gebildeten Charakter mitbestimmt sein, sondern es wird sich zugleich während der ganzen Erwägung, die ja ein Denken und insoweit selbst durch das Wollen bestimmt ist, jene wirkliche Aktivität wieder geltend machen und auf die Motive umgestaltend wirken können, bis der endliche Entschluss stattfindet und das vollziehende Wollen ausgeübt wird. Das handelnde Individuum wird somit teils indirekt und teils direkt in so hohem Masse die ursprüngliche und selbständige Ursache seines Handelns werden, dass wir verstehen, weshalb die Verantwortlichkeit für dasselbe nicht über das Subjekt hinaus früheren Weltgliedern, dem Schicksal, der Gottheit oder dgl. zugeschoben wird. Und indem das Individuum seinen Charakter nur **zum Teil** selbst gebildet hat, und deshalb zuweilen nur **zum kleineren Teil** die Urursache der einzelnen

Handlung ist, verstehen wir ferner, dass Fälle eintreten können, wo wir nur mit beschränkter Verantwortlichkeit rechnen können, und den Betreffenden für zum Teil entschuldigt halten müssen.

Die ganze Auffassung ist, wie man sieht, einzig und allein dadurch ermöglicht, dass wir die Aktivität, die wir tatsächlich stets in solchen seelischen Tätigkeiten wie der Aufmerksamkeit, dem Wollen, dem Denken zu finden glauben, für wirkliche Aktivität halten, d. h. für eine Tätigkeit, die nicht durch einen äquivalenten Stoss von seiten eines anderen Gliedes verursacht ist, für eine Selbstbestimmung im Gegensatz zur Beharrung. Wollte man ferner fragen, wo denn die Grenzen dieser Aktivität oder dieses Eifers liegen, so müsste die Antwort die werden, dass dies sich erst genauer bestimmen lassen wird, wenn wir näher zu entscheiden vermögen, was die früher genannten Erfahrungen gestatten und fordern. Am wahrscheinlichsten möchte wohl die Annahme sein, dass die genannten Grenzen keine festen oder scharfen sind, sondern dass die Aktivität, je grösser sie ist, um desto schwieriger und seltner auftreten wird. Unter dieser Voraussetzung würden wir die Behauptung aufstellen können, dass es dem Menschen nie schlechthin notwendig ist, ein Verbrechen zu verüben. *Kants* oder *Schillers*: »Du kannst, denn du sollst!« würde seine Gültigkeit behalten, ohne dass schon etwas darüber entschieden wäre, wie gross oder wie klein der erwähnte Spielraum gewöhnlich oder durchschnittlich ist. —

Es kann also wohl keinem Zweifel unterliegen, dass die eine unserer beiden Hypothesen sich entschieden in Übereinstimmung mit dem gewöhnlichen menschlichen

Verantwortlichkeitsgefühle befindet, während die andere demselben entschieden widerstreitet.

Es fällt nun auch nicht schwer, die Uneinigkeit zwischen den beiden Gruppen von Anhängern des absoluten Determinismus zu erklären.

Wenn die eine Gruppe die »Verantwortlichkeit« so entschieden verwirft, während die andere dieselbe ebenso entschieden festhält, reden sie nämlich von zwei verschiedenen Dingen. Die eine Gruppe versteht unter Verantwortlichkeit und Zurechnungsfähigkeit, was das gewöhnliche Bewusstsein unter diesen Bezeichnungen versteht, und verwirft deshalb beides; die andere Gruppe deutet die ganze Reihe hierhergehörender Ausdrücke wie Verantwortlichkeit, Zurechnungsfähigkeit, Strafe, Schuld, Reue o. s. w. um, so dass alle diese Bestimmungen mit der Hypothese mehr oder weniger vereinbar werden.

Von der relativ deterministischen Voraussetzung aus werden diese Begriffe ja sämtlich durch den Umstand bestimmt, dass das schuldige Individuum aus eigner Machtvollkommenheit eine Summe von Bösem in die Welt gebracht hat. Das Individuum hätte richtig handeln können, tat es aber nicht. Das Schuld- und Reuegefühl wird deswegen eine Tiefe und Innigkeit erlangen können, wie so leicht kein andres Gefühl erreichen wird, und das Bewusstsein, dass die Zukunft teilweise in der eignen Hand des Individuums liegt und sowohl in der einen als der anderen Richtung gehen kann, wird einen ebenso eingreifenden Einfluss auf die vorwärts gerichtete Seite der Reue üben, auf den Vorsatz, das nächste Mal besser zu handeln.

Von der vollständig deterministischen Anschauung aus wird indes sehr wohl von modifizierten Formen der genannten Begriffe die Rede sein können. Begeht das Individuum hier eine Übertretung, so wird es sich ganz sicher nicht vermeiden lassen, dass das Bewusstsein, alles Geschehene und künftig Geschehende werde mit Notwendigkeit geschehen, einen gewissen »lähmenden« Einfluss auf alle Verhältnisse üben wird, wenn anders es wirklich kräftig vorhanden ist. Das betreffende Individuum müsste wunderlich beschaffen sein, wollte es nicht der Weltordnung in allerhöchstem Grade die Schuld beimessen, da diese es ja zur Verübung von Missetaten vorausbestimmt habe, oder den Naturgesetzen, die es ja so vollständig »besessen« hätten, dass es in gewissem Sinne nichts dazu oder dagegen tun könne, oder seinem ganzen Charakter, der ja für es und nur im uneigentlichen Sinne von ihm gebildet sei. Schuldig im gewöhnlichen Sinne des Wortes wird das Individuum sich daher nicht fühlen können, und von Reue im gewöhnlichen Sinne kann auch nicht die Rede sein. Diese Begriffe hat das allgemeine Bewusstsein offenbar auf einen entschiedenen Glauben an relative Freiheit gegründet. Anderseits wird nichts verwehren können, dass eine verübte Missetat auch bei einem Anhänger der Notwendigkeitslehre peinlichen Kummer und die aufrichtigsten Wünsche erregt, die Zukunft möge von der Vergangenheit verschieden werden, und da diese Wünsche ja ebenfalls Glieder der Kette der Notwendigkeit sind, werden auch sie zur Ausgestaltung des künftigen Handelns ihren Beitrag leisten. Denken wir uns eine Gesellschaft, wo der deterministische Glaube mehrere Generationen hindurch recht Zeit gehabt hat, die Bewusstsein zu durchsäuern, so dass diese nicht einmal mitten im Gewühl des Lebens die Notwendigkeit vergessen, so werden der genannte Kummer und der

Wunsch, sich zu verbessern, dennoch fortwährend stattfinden können. Das Verhältnis wird sich in hohem Grade ebenso gestalten, wie wenn ein Anhänger der Freiheitshypothese z. B. wegen geringer Begabung ein Unheil anrichtet und darauf Kummer und den lebhaften Wunsch fühlt, grössere Geschicklichkeit zu erwerben.

Ähnlicherweise wird eine Gesellschaft unter völlig deterministischen Voraussetzungen Analogien zu allen oben genannten Begriffen behalten können. Verübt der Einzelne einen Einbruch oder ähnliches, so wird die Gesellschaft ganz natürlich suchen, sich vor Widerholungen zu sichern, indem sie z. B. den Täter so lange eingesperrt hält, dass er angemessene Zeit erhält, um sich zu bedenken und seine Neigung zu wechseln. Wenn das deterministische Bewusstsein allmählich aber hinlängliche Klarheit und Konsequenz erlangt, so wird man gewiss immer mehr davon abkommen, diese Massregel zur Sicherung der Gesellschaft eine dem Manne auferlegte »Strafe« zu nennen, und behält man diesen Ausdruck bei, so wird man jedenfalls nach und nach immer deutlicher einsehen, dass diese Strafe jetzt der »Strafe« völlig parallel wird, die man einem bissigen Hunde dadurch erteilt, dass man ihm einen Maulkorb anlegt oder ihn fesselt. Sowohl mit Bezug auf den Mann als mit Bezug auf den Hund hat man hier ja aber ganz natürlich mit den betreffenden unsozialen Neigungen gerechnet; man wird deshalb auch in gewissem Sinne behaupten können, dass beide sich tatsächlich als »zurechnungsfähig« erwiesen haben.

Sogar das ethische: Du sollst! lässt sich zum Teil beibehalten. Denn allerdings ist das Individuum durch die Notwendigkeit bestimmt, und sein Betragen kann nicht im geringsten von dem schon tausend Jahre vor seiner Geburt Bestimmten abweichen. Dieses Du sollst! ist ja aber — es komme nun von anderen oder vom Individuum selbst — gerade eines der Glieder in der ganzen Kette der Notwendigkeit. Es wird also keineswegs bedeutungslos sein. Ob es zu einem gegebenen Zeitpunkte im Leben des Individuums auftauchen wird oder nicht, das waltet allerdings die Norne allein; jedesmal, wenn es kommt, wird es aber auch ethisch anspornend wirken, und in enger Übereinstimmung mit dem allgemeinen Kausalgesetze wird das Individuum diesem Antrieb folgen.

Es findet sich mithin unter den obengenannten Begriffen kein einziger, den der absolute Determinist nicht beibehalten kann, wenn derselbe nur die erforderliche Umdeutung erhält. Anderseits scheint es freilich aber in hohem Grade einleuchtend, dass die Umdeutung notwendig ist. Das gewöhnliche Bewusstsein hat offenbar — was uns nicht in Erstaunen setzen kann — in jeden dieser Begriffe seinen Glauben an die Freiheit hineingelegt. Die Lehre von der mechanischen Kausalbestimmtheit des Willens ist keine populäre, sondern eine philosophische Lehre.

Bevor wir untersuchen, was sich denn nun hieraus herleiten lässt, wird es vielleicht am richtigsten sein, einen Blick auf irgend einen der vielen modernen »Beweise« für die Alleinrichtigkeit des Determinismus, d. h. des absoluten Determinismus zu werfen. Möglicherweise erhalten wir dann weit schnelleren Bescheid. Wählen wir uns aus der dänischen Litteratur die letzte Verteidigungsschrift, nämlich *Starckes* früher besprochenes Buch: »Das Gewissensleben«.

Starcke bedient sich eines etwas sonderbaren Verfahrens; dafür bringt er aber auch das ganze Problem im Handumdrehen zur Entscheidung. Er beginnt damit, dass er uns seine subjektive Auffassung der Straftätigkeit des Staates mitteilt. Aus dem Begriffe der Verantwortlichkeit, der hierin liegt, soll es seiner Meinung nach ersichtlich sein, ob der »Determinismus« oder der »Indeterminismus« recht hat (126—129). Ein mehr ungeeignetes Verfahren liesse sich indes wohl schwerlich finden. Denn eben die Auffassung der Strafe ist eines der Dinge, über die unter den Kundigen die allergrössten Meinungsverschiedenheiten herrschen, und selbst wenn es die schönste Einigkeit gäbe, würde man ja doch alles auf den Kopf stellen, wenn man die Beschaffenheit des Menschen aus den juristischen Theorien ableiten wollte. *Starckes* Vergeltungstheorie (129) wird wohl nicht bei vielen Menschen Anklang finden; da sie für das Folgende in der Tat aber keine Rolle spielt, brauchen wir nicht bei derselben zu verweilen.

Ist der Mensch determiniert, heisst es nämlich weiter, so ist es, wenn man nach der Ursache der einzelnen Handlung fragt, »durchaus ungereimt und willkürlich, bei der Beschaffenheit des Charakters Halt zu machen; man muss ganz bis auf den Anfang der Welt zurückgehen. Anderseits ist es aber eben so einleuchtend, dass wenn der Charakter bei der Handlung eine so grosse Rolle spielt, dass wir annehmen können, die Handlung könnte nicht enstanden sein, sofern nicht vorher ein solches Zusammenspiel von Umständen stattgefunden hätte, dass ein Charakter von dieser oder jener Beschaffenheit gebildet wurde, so kann man aus der Handlung auf die Beschaffenheit des Charakters schliessen.«

Beides muss offenbar zugegeben werden: Es ist »ungereimt und willkürlich«, bei dem Charakter des Determinierten Halt zu machen, und es ist sicher genug, dass man aus gewissen Handlungen annähernd auf den Charakter des Handelnden schliessen kann. Nur versteht man nicht, weshalb diese beiden Glieder als Gegensätze aufgestellt werden. Hierüber bringt uns indes das Folgende Aufschluss. Denn der Verfasser »schliesst« nun weiter (132): Da der Indeterminismus es »völlig unentschieden« dahingestellt bleiben lässt, »wozu ein Charakter sich unter gegebenen Verhältnissen entschliessen wird«, so wird diese Theorie mithin juristisch unbrauchbar und unmöglich, und der Mensch muss deshalb determiniert sein.

Das ist der ganze Beweis. Der Determinismus ist damit zur Alleinmöglichkeit gemacht, und der »Indeterminismus« tritt im Folgenden als eine enthüllte Ungereimtheit auf.

Man wird indes leicht ersehen, dass auch dieser Beweis unter das im Anfange dieses Abschnittes Bemerkte gehört. Der Verfasser macht dem »Denk-Undinge« den Garaus und glaubt dann fertig zu sein: der Indeterminismus macht es »vollkommen« unmöglich, aus dem Charakter auf die Handlung zu schliessen; nun sind wir tatsächlich im stande [einigermassen!] solche Schlüsse zu ziehen; folglich muss der Indeterminismus falsch sein! Ja, ganz recht, dieser »vollkommen« ungereimte Indeterminismus. Aber der Verfasser hat uns ja soeben selbst erzählt, dass dieser von vornherein aus dem Spiel zu lassen ist: »Denn dass der Wille in grossem Umfang durch eine feste Kausalreihe bestimmt ist, erleidet keinen Zweifel; hat der Wille irgendwelche Freiheit, so ist es nur in geringem Masse.« Es ist *Starcke* selbst, der dies sagt; man braucht nur ein einziges Blatt zurückzuschlagen (130).

Indem der Verfasser somit auf sehr leichte Weise Determinist wird, gerät er aber in Verlegenheit mit seiner eignen Äusserung über das »Willkürliche« und »Ungereimte«, beim Charakter des Handelnden Halt zu machen, statt auf die ursprüngliche Ursache zurückzugehen. Untersuchen wir nur noch, wie er sich aus dieser Schwierigkeit heraushilft! Er könnte, wie wir oben sahen, betonen, dass **eine gewisse Art** Verantwortlichkeit und Zurechnungsfähigkeit auch vom Deterministen mit Bezug auf das determinierte Individuum festgehalten und auf dieses angewandt werden kann. *Starcke* will jedoch von keinem Unterschiede wissen. »Es ist hier nicht die Rede davon, dass der Begriff der Verantwortlichkeit, den der Determinismus also zu behaupten vermag, anderen Inhalts sei, als der vom Indeterminismus aufgestellte,« sagt er (133). Meint er hiermit nur, dass die Polizei und der Richter den Dieb abfassen, ohne sich darum zu bekümmern, ob dieser determiniert ist oder nicht, so ist die Äusserung ohne Interesse. Meint er hingegen, es sei mit Bezug auf die Art der Verantwortlichkeit logisch besehen ganz einerlei, ob das Individuum die »Fähigkeit des Beginnens« habe oder auch nicht, so versündigt er sich ganz einfach an dem elementaren Kausalsatze, der uns lehrt, dass **verschiedene Ursachen verschiedene Wirkungen geben müssen**.

Starcke scheint jedoch schlecht und recht seine eigne Äusserung Seite 131 über das Ungereimte, beim Charakter des Handelnden Halt zu machen, **vergessen** zu haben. Jedenfalls begnügt er sich jetzt damit, ohne wei-

teres gerade das Gegenteil zu behaupten: es sei ganz
vernünftig, beim Charakter anzuhalten: »Je mehr ich
eine Handlung als Offenbarung der Beschaffenheit meines
Charakters betrachte, um so mehr betrachte ich mich als
schuldig, d. h. um so mehr betrachte ich es als richtig,
dass ich wegen meiner Handlung als eine schlechte Person gekennzeichnet werde« (134). Das ist nun sehr leicht
zu behaupten. Der Verfasser hätte uns offenbar aber
zugleich erklären müssen, wie es ihm möglich wird, zu
glauben, dass die Reflexion, die der Determinierte doch
sicherlich über das Ereignis anstellen wird, nicht den geringsten Einfluss auf dessen Urteil über dasselbe haben
sollte. Sollte eine solche Reflexion wirklich auch den
Gedanken rein vergessen, dass es »ungereimt und willkürlich« sei, die Schuld sowohl hinsichtlich des Charakters als hinsichtlich der Handlung nicht der ursprünglichen Ursache, d. h. der wirklichen Urheberin von beidem zuzuschieben?

Starcke glaubt möglicherweise, diesen Einwurf durch
folgende Äusserungen zurückgewiesen zu haben (135):
»Ist der Charakter schlecht, so ist es eben der Mensch
selbst, der schlecht ist; er kann sich nicht von seinem
Charakter trennen und den Anspruch erheben, eine andere Beurteilung und Schätzung zu finden als die, welche
seinem Charakter zu teil werden. Die Verantwortlichkeit
in ein Bedauern umzuwandeln würde gerade heissen,
man könne, während man den Charakter des Menschen
missbillige und tadle, zugleich letzeren selbst noch immer
der Achtung würdig finden. Diese Sinnlosigkeit würde,
so sollte man meinen, gar zu sehr in die Augen springen,
als dass jemand versuchen würde, sie zu verfechten;
nichtdestoweniger ist sie es, die den Widerstand gegen

den Determinismus begründet. Dies erweist sich, indem der Streit sich zuguterletzt um die Frage zusammenzieht, inwiefern der Mensch für seinen Charakter verantwortlich sein kann. Der Mensch ist ganz einfach sein Charakter; diesem steht er ganz anders gegenüber als einem gebrochenen Beine oder einem verkrüppelten Körper, und will man den Menschen für seinen Charakter verantwortlich machen, so wird dies nur eins von beiden bedeuten können: entweder dass der schlechte Charakter für ebenso gut als der edle zu betrachten ist, oder auch, dass der Mensch neben dem, was wir seinen Charakter nennen, noch ein andres Wesen besitzt, in welchem seine wahre eigentliche Persönlichkeit sich an den Tag legt. Beides sind geradezu Sinnlosigkeiten. Der Mensch ist für seinen Charakter verantwortlich, eben weil letzterer ist, was ersterer ist.«

Es ist sonderbar, dass der Verfasser diese lange Bemerkung niederschreiben konnte, ohne zu entdecken, dass er sich selbst mit seinen absoluten Distinktionen trügt. Sollte *Starcke* wirklich nie gehört haben, dass ein Mensch z. B. sagt: Ich bin nun so schrecklich hitzigen Charakters; glücklicherweise fange ich aber allmählich an, diesen zu bezwingen!? Ist diese Rede denn so sinnlos? Dann hat der Mensch aber ja irgendwie noch ein anderes Wesen ausser seinem Charakter. Die Sache ist nun ganz einfach die, dass es auch im Charakter äussere und innere, peripherische und zentrale Schichten gibt. Zu den mehr peripherischen gehört z. B. ein Inbegriff von Meinungen, Gefühlsverteilungen, Neigungen und Gewohnheiten, die ich übers Jahr vielleicht abgelegt und gegen andre umgetauscht habe. Im tiefsten Innern bin ich ganz abstrakt ein denkendes, fühlendes, wollendes Wesen.

Als solches bin ich aber sehr wohl im stande, mich meinem ganzen konkreten Charakter gegenüberzustellen und ein mehr oder weniger richtiges Urteil über denselben zu fällen. Derartiges geschieht bei aller Selbsterziehung. Das Innerste und Beste des Individuums tritt der Ganzheit gegenüber als Richter auf. Was *Starcke* ›Sinnlosigkeiten‹ nennt, sind mithin ganz einfache, vernünftige und natürliche alltägliche Begebenheiten. Und selbstverständlich wird jedes normale Individuum, das sich nicht zufälligerweise blindlings in den Determinismus verliebt hat (denn da hört alle Kritik auf), wenn es sich determiniert glaubt, recht bald die Reflexionen ausfindig machen, die gerade auf der Hand liegen: Bin ich ein Automat, dessen Bewegung die Vergangenheit in allen Stücken bestimmt hat, so kann ich noch ein nützliches oder ein schädliches Automat sein; und bin ich schädlich, so kann ich verstehen, dass meine Mitautomate sich vor mir sichern. Moralische Vorwürfe wegen des Schadens, den ich anzurichten gesetzt bin, möchte ich mir aber verbeten haben!

Sollte *Starcke* wirklich glauben, es sei dem Individuum unmöglich, selbst einen Überblick über sein Leben und dessen Bedingungen zu gewinnen, so ist er damit überdies noch gar nicht fertig. Denn man wird dann noch fragen können: Wie muss denn das eine Individuum notwendigerweise das andre beurteilen? Es ist ja unsere Aufgabe: zu erfahren, nicht wie das Individuum zufälligerweise sich selbst beurteilt, sondern wie es logisch richtig ist, es zu beurteilen. Vielleicht kann ein Unbeteiligter dies am unbefangensten entscheiden. Nehmen wir daher an, wir hätten zwei Individuen vor uns, die beide eine und dieselbe Art Übertretung begangen hätten! Das eine sei völlig durch die Notwendigkeit bestimmt, das andere sei im Besitze des nach unseren Erfahrungen gestatteten »geringen Masses von Freiheit«, das nicht das Geringste mit »Wundern« (135) oder mit psychischer Kausallosigkeit zu schaffen hat. *Starcke* steht beiden gegenüber nicht als Polizist, denn die Polizei ist hier sozusagen nur einäugig, sondern als psychologischer oder ethischer Beschauer. Will er nun wirklich alle beide vollkommen gleich beurteilen, ohne auf ihre höchst verschiedenen Lebensverhältnisse Rücksicht zu nehmen? Allerdings äussert er S. 132 den ihm auch zur Stütze dienenden, in vielen Fällen richtigen, mit Bezug auf Verbrecher und andre lebendige »Gegenstände« aber kolossal unrichtigen Satz: »In keiner Beziehung beruht der Wert eines Gegenstandes darauf, wie er geworden ist, was er ist, sondern allein darauf, was er ist.« Glücklicherweise widerlegt er sich aber selbst ebenso entschieden wie liebenswürdig ein Mal über das andre auf den folgenden Seiten (136—140), wo er es nicht allein richtig findet, zwischen guten und schlechten angeborenen Anlagen, guten und schlechten Erziehungsverhältnissen u. s. w. zu unterscheiden, sondern auch sogar zwischen peripherischem und zentralem Charakter (137). Es bleibt ihm daher wohl kaum andres übrig, als es in Konsequenz hiervon für am richtigsten zu halten, in allen Stücken zu berücksichtigen, unter welchen Bedingungen der »Gegenstand« geworden ist, was er ist. Dann muss aber die Schuld des Determinierten offenbar auf Schädlichkeit und auf nichts andres reduziert werden.[1]

---

[1] Vgl. »Logik und Psychologie« S. 329—338.

Betrachtet man die Leichtigkeit, mit der die Leute heutzutage Deterministen werden, und vergleicht sie mit der Leichtigkeit, mit der vor einigen Menschenaltern fast alle Leute Indeterministen wurden, so fragt man unwillkürlich sich selbst, ob nicht gerade hierin der allerbeste Beweis für die Determiniertheit des Menschen zu finden wäre. Im nächsten Augenblick findet man vielleicht aber, dass die Erscheinung im Gegenteil vielmehr dafür spricht, dass es dennoch eine gewisse Freiheit geben müsse, da man auf diese Weise wechseln könne; und somit stehen wir wieder der Doppelmöglichkeit gegenüber. Diese lässt sich offenbar nicht so leicht aus dem Wege räumen, wenn man wirkliche Gründe verlangt, um sie zum Weichen zu bringen. Solche fanden wir nicht bei *Starcke*, und in der Tat wird es uns bei keinem anderen der Verfechter des Determinismus besser ergehen.

Auch bei den Anhängern der Freiheit erhalten wir aber keine wirkliche Entscheidung. Suchen wir hinter die vielen überflüssigen Künstleleien und die verschiedenen zum Teil hieraus entspringenden Selbstwidersprüche zu dringen, die unbestreitbar bei *Kant* auftreten, so finden wir schon bei ihm die ganze im Vorhergehenden geschilderte Auffassung. Schon im Anfang der »Grundlegung«, III, wo er seinen Freiheitsbegriff in die Ethik einführt, nimmt er entschieden von jedem möglichen »kausallosen Wunder« Abstand und hebt mit aller erwünschten Deutlichkeit hervor, dass nur die mechanische Kausalbestimmtheit fortgeschafft gedacht werden müsse. Er legt dem wollenden Subjekte eine Fähigkeit der Selbstbestimmung im Gegensatz zur Beharrung der Naturdinge bei, eine Kausalität »nach unwandelbaren Gesetzen, aber von besonderer Art«; »denn sonst wäre ein freier Wille ein Unding«. Auch bei ihm ist alles Wollen schliesslich in der Tat motiviertes Wollen, wenn es ihm gleich, wie wir sahen, ein wenig schwer fällt, diese Auffassung mit seinem Schreck vor dem »Empirischen« in Einklang zu bringen. Er hebt hervor, wie unvernünftig es ist, von moralischen Forderungen wie z. B.: Du sollst nicht stehlen! an Individuen zu reden, die vielleicht trotz aller Abschreckung stehlen **müssen**, und er nennt den Versuch, die Sache zu rechtfertigen und den Dieb »frei« zu nennen, insofern die Handlung mit dessen Charakter übereinstimmt, »einen elenden Behelf«, da diese Freiheit wie die Freiheit eines Bratenwenders sein würde, der auch — wenn er einmal aufgezogen worden — von selbst seine Bewegungen verrichtet.[1]) Sogar hinter der etwas unbehilflich dargestellten Lehre von der empirischen Notwendigkeit und der intelligibeln Freiheit liegt ein natürlicher Gedanke, wenn man die Sache ganz einfach so versteht: Der Mensch ist an und für sich frei; sobald ich aber aus der Gegenwart eines Individuums seine Vergangenheit oder Zukunft ermitteln, es also durch die Zeit hindurch verfolgen will, muss ich es mir als durch die Notwendigkeit bestimmt denken, da ich mit der Freiheit nicht rechnen kann. *Kant* stützt ferner seine Freiheitstheorie auf das dem Menschen innewohnende Moralgesetz, also — in der heutigen Sprache — auf unser Verantwortlichkeitsbewusstsein, unser Verantwortlichkeitsgefühl. *Lotze* und überhaupt die allermeisten Anhänger der Freiheit tun ganz dasselbe. Das Schillersche: Du kannst, denn du sollst! ist in der Tat der kurze und scharfe Ausdruck für den

---

[1]) Kr. d. prakt. Vern., v. Kirchmanns Ausg. S. 115, 117.

ganzen im Vorhergehenden dargestellten indeterministischen Gedankengang. Sammeln wir nun zum Schlusse die Hauptpunkte und sehen wir, wie weit wir wissenschaftlich zu gelangen vermögen! Es hat ja wirklich den Anschein, als hätten wir in all dem Vorhergehenden Beweise genug für die Richtigkeit des relativen Determinismus, und doch sind die Forscher noch immer in zwei streitige Lager geteilt.

Um überhaupt forschen, erkennen, das Dasein bewältigen zu können, stellt der Mensch den gewöhnlichen Kausalsatz auf, d. h. die Voraussetzung, dass jedem Voraus ein ganz bestimmtes Hinterdrein entspricht, oder dass die Zukunft durch die Vergangenheit eindeutig bestimmt ist. Von dieser Voraussetzung aus fügt das Denken dem sinnlichen Weltbilde seine Glieder hinzu, und indem wir auf diese Weise das direkt Gegebene vermehren und auslegen, gelangen wir immer näher an eine grosse zusammenhangende Totalität, deren kleinste Abänderungen sich, ideell betrachtet, streng berechnen und genau voraussagen lassen. Nur der Mensch als wollendes Wesen passt nicht recht in den ganzen Mechanismus hinein. Er scheint im Besitz einer eigentümlichen Aktivität zu sein, die der feinen Berechnung trotzt, und er hat sich eine starke Überzeugung gebildet, dass er selbst für einen Teil seines Tuns die Verantwortung trägt. Um diese neue Erscheinungen besser zu verstehen, stellen nun einige Forscher die neue Voraussetzung auf, dass die Zukunft hier nicht durch die Vergangenheit eindeutig bestimmt ist, dass dagegen ein wollendes Ich im stande ist, mit grösserem oder geringerem Eifer auf jedes gegebene Motiv zu reagieren. Nur hierdurch, meint man, kann der Mensch wirkliches Verdienst und wirkliche Schuld erwerben, mithin Zurechnungsfähigkeit. Diese Zurechnungsfähigkeit wird aber auf Kosten der Berechenbarkeit erkauft.

Sagt man hier nun: Wunder!, so gebraucht man nur Lyrik, wo man lieber Logik gebrauchen sollte. Übersetzt wird der Einwurf zunächst bedeuten: Es gebricht hier an Zusammenhang! Das ist aber ungenaue Rede. Der Zusammenhang ist bewahrt durch die Motivierung und durch die von der Erfahrung abhängig gemachten Grenzen des Eifers. Nur die mit dem mechanischen Kausalsatze gegebene strenge Berechenbarkeit, von der wir hier übrigens aus naheliegenden Gründen nicht das geringste Vergnügen bekommen, ist aufgegeben. Dass dieses Aufgeben bei einer Hypothese ziemlich vereinzelt dasteht, lässt sich ganz einfach dadurch begründen, dass das wollende Ich gerade eine ebenso vereinzelte Erscheinung des Daseins ist. Die Hypothese an und für sich wird sich deshalb nicht mit Gründen abweisen lassen.

Ist aber die Hypothese als Hypothese berechtigt, so gilt es nun ferner, sie gegen die andere Annahme abzuwägen: dass der mechanische Kausalzusammenhang trotz aller Anzeichen des Gegenteils dennoch auch auf dem Gebiete des wollenden Ich erhalten sei.

Wie sicher es aber auch ist, dass ein solches Abwägen mit Bezug auf jedes einzelne Individuum in der Regel schnell beendigt sein wird, indem subjektive Faktoren eingreifen und die Sache nach irgend einer Seite entscheiden, ebenso sicher scheint es freilich zu sein, dass ein objektives wissenschaftliches Abwägen unlösliche Schwierigkeiten antreffen wird.

Der Streit zwischen den beiden Gruppen von Deterministen ist schliesslich nur ein Streit um Worte, ein Streit, ob man die Ausdrücke: Verantwortlichkeit, Zurechnungsfähigkeit, Vermögen des »Wählens«[1]) u. s. w. für die Verhältnisse beibehalten soll, die fortwährend in einer völlig durch die Notwendigkeit bestimmten Welt zur Geltung kommen können. Behält man aber alle diese Ausdrücke bei, so wird es nur eine einfache Folge des Kausalsatzes sein, dass deren Inhalt von jeder der beiden Voraussetzungen hinsichtlich der Beschaffenheit des Menschen aus ebenso verschieden werden muss, wie diese Voraussetzungen selbst von einander verschieden sind.

Noch einen Schritt weiter können wir gelangen, indem es offenbar als entschieden zu betrachten ist, dass das gewöhnliche, das bei den allermeisten Menschen herrschende Verantwortlichkeitsgefühl das relativ deterministische ist.

Hieraus lässt sich aber mit wissenschaftlicher Sicherheit noch nichts schliessen, denn ebenso wie das Gewissen ist das Verantwortlichkeitsgefühl ja ein historisch bestimmter Aufbau im Menschen. Es kann daher richtig gebaut worden sein, es kann aber auch falsch gebaut worden sein, und es wird hier kaum möglich sein, wie mit Bezug auf das Gewissen einen Kern, einen ersten

---

[1]) Das »Wählen« des Deterministen wird ein durch die Notwendigkeit bestimmtes Gehen nach der einen Seite und insofern eigentlich kein Wählen. Direkt hat auch der »Indeterminist« keine freie Wahl unter zwei Motiven. Er muss erst dem abstrakt vorgezogenen Motive hinlängliche Gefühlsbetonung verschaffen; das wird er aber mit wirklicher und (vgl. S. 120), ideell betrachtet, unbegrenzter Aktivität erstreben können.

ursprünglichen Keim dieses Gefühls nachzuweisen, das mit dem eigentlichen Menschenwesen lebt und stirbt und uns zugleich mit objektiver Unbestreitbarkeit die Freiheit verbürgt. In dieser Beziehung hat es sein Interesse, zu beachten, wie *Kant*, der in seinem »kategorischen Imperativ« in gewissem Sinne ein solches primitives Gefühl erblickte, dennoch Bedenken trug, hieraus die Freiheit **rein objektiv** abzuleiten. Er lässt nämlich ja die positiven Resultate der praktischen Kritik nicht das Nichtwissen der theoretischen Kritik umstürzen, sondern betrachtet sie als mehr subjektive, mehr persönliche Resultate einer anderen Art. In einfacher täglicher Rede liesse sich sein Gedanke wohl etwa folgendermassen wiedergeben: Alle gewöhnlichen Menschen hegen die festeste unmittelbare Überzeugung, dass sie hier im Leben Aufgaben haben, deren Lösung ihnen unmöglich sein würde, hätten sie nicht eine gewisse »Freiheit«. Sollte wider Erwarten aber jemand kommen und leugnen, im Besitz einer solchen Überzeugung zu sein, so wäre es selbstverständlich ein Zufall, wenn man ihn bekehren könnte. Es geht deswegen nicht an, diese Überzeugung als Ausgangspunkt rein theoretischer oder wissenschaftlicher Schlüsse zu benutzen.

Und an diesem Punkte muss gewiss auch alle streng wissenschaftliche Erörterung aufhören. Wollte jemand sagen: Wenn es nun aber nicht **notwendig** ist, die Freiheitshypothese anzunehmen, so muss sie folglich zu Boden fallen, und dann muss der Kausalsatz wieder zum unbeschränkten Herrscher eingesetzt werden!, so würde er sich nur durch den Ausdruck »annehmen« täuschen lassen. Nur eine höchst einseitige Betrachtung wird doch bestreiten können, dass die unbeschränkte Anwendung des Kausalsatzes an gewissen Punkten recht ernstliche Bedenklichkeiten hervorrufen muss, welche hier die Gültigkeit des Satzes relativ wahrscheinlich machen. Auch dessen Ungültigkeit liesse sich hier aber nur relativ wahrscheinlich machen. Diese beiden relativen Wahrscheinlichkeiten vermögen wir aber nicht in bestimmte Wahrscheinlichkeitsbrüche umzusetzen und hierdurch eine Entscheidung zu erreichen. Darum ist es nicht notwendig, die Freiheitshypothese **anzunehmen**, es ist aber methodisch notwendig, sie **aufzustellen**.

Wissenschaftlich das Willensproblem zu lösen vermögen wir also nicht. Wir können aber erklären, weshalb diese Frage fast zu allen Zeiten das menschliche Geschlecht in zwei streitige Lager geteilt hat und noch am heutigen Tage so brennend wie nur je dasteht.

X.

Psychology will be Psychology and Science Science, whether free will be true or not, sagt *James*. Kann man dasselbe nun aber von der Ethik sagen? Muss diese denn doch nicht jedenfalls als Wissenschaft zu Grunde gehen, wenn es uns unmöglich ist, die nähere Beschaffenheit des wollenden Subjektes wissenschaftlich zu bestimmen, und wenn überdies die beiden Möglichkeiten so weit voneinander verschieden sind, wie wir es soeben fanden? Müssen wir nicht jedenfalls zwei verschiedene Ethiken bekommen, deren jede sich auf ihre Voraussetzung von der Beschaffenheit des Willens gründet? Ja, man könnte sogar wohl meinen, es müsse innerhalb jedes dieser beiden Rahmen wieder eine Zweiteilung entstehen, indem sowohl das determinierte als das indeterminierte Individuum sich selbst wieder für determiniert oder auch für indeterminiert annehmen könnte.

Mit echt englischer Kaltblütigkeit hat *Sidgwick*, der ebenso wie *James* das Willensproblem zunächst wissenschaftlich unlösbar findet, diese Frage untersucht und ist zu dem Ergebnisse gelangt, dass der von den beiden verschiedenen Voraussetzungen herrührende Unterschied keine grössere Bedeutung haben wird.[1]) Er hat die Sache aber wesentlich von einer einzelnen Seite betrachtet; wir müssen deshalb prüfen, was eine mehr allseitige Erörterung ergeben wird.

Erstens ist nun hervorzuheben, dass das Ethische lediglich danach zu bestimmen wird, was der Mensch wirklich ist, nicht aber danach, was er zu sein glaubt. Die verschiedenen Annahmen können vielleicht Einfluss darauf erhalten, ob das Individuum ethisch handeln wird oder nicht, jedoch nicht auf den Begriff des Ethischen selbst, der ja zu definieren ist als das, was das Handeln betrifft, mit der innersten zentralen Beschaffenheit des Menschen Übereinstimmende. Es kann insoweit nur von zwei Ethiken die Rede sein.

Könnte man nun ferner nicht um einen bedeutenden Schritt weiter kommen, wenn man feststellte, dass alles, was wir im Vorhergehenden, unter Ausschluss des letzten Abschnittes, gefunden haben, den beiden Ethiken gemeinschaftlich sein müsse? Das ethische Gesetz und überhaupt sämtliche Formbestimmungen müssten dann unter beiden Voraussetzungen dieselben werden. Wir würden eine und dieselbe Melodie erhalten, das zweite Mal aber gleichsam um einen Ton tiefer als das erste Mal, insofern

---

[1]) *H. Sidgwick*: Methods of Ethics, 6. ed., London 1901. I, v.

von der einen Voraussetzung aus stets hinzugesetzt werden könnte: Sei eingedenk, dass du mit wirklicher Aktivität nach der Erfüllung des Gesetzes trachten kannst, und dass du jedesmal, wenn du dasselbe übertrittst, mit wirklicher Aktivität, aus eigner Machtvollkommenheit eine Summe von Bösem in die Welt einführst!

Man hüte sich hier aber doch vor einem naheliegenden Missverständnisse: Man kann die eine dieser Ethiken nicht »mehr ethisch« als die andre nennen. Denn die Ethik lässt sich, wie oft genug hervorgehoben, nur von dem Wesen des Menschen aus bestimmen, und ist der Mensch der einen Voraussetzung zufolge determiniert, so liegt zugleich durchaus nichts Unethisches darin, dass er in seinem Trachten keine wirkliche Aktivität hat. Der Begriff »des Ethischen« erhält mit anderen Worten in den beiden Fällen auch zwei verschiedene Bedeutungen, obschon alle Formen dieselben bleiben.[1]) Dies beruht aber einzig und allein auf der Anordnung der Welt. Der Mensch ist nach der einen Voraussetzung ein mächtigeres, von den Naturgesetzen unabhängigeres Wesen als nach der anderen. Er kann sowohl mehr leisten als mehr unterlassen, und das Ethische muss deshalb in dem einen Falle sozusagen eine grössere Tiefendimension bekommen als in dem anderen, während sowohl die Länge als die Breite in beiden Fällen vielleicht dieselbe bleiben kann.

Lässt diese Auffassung sich durchführen, so müsste man also in einer wissenschaftlichen Ethik ebenso wie in einer wissenschaftlichen Psychologie von gewissen Erscheinungen auf zweifache Weise reden, erst von einer

---

[1]) Der Gesichtspunkt ist jetzt ein andrer als im vorigen Abschnitte, wo wir die beiden Möglichkeiten gegeneinander abzuwägen hatten.

und darauf von der anderen Voraussetzung aus. Hinsichtlich der Ethik würde dies mit allem der Fall sein, was Lob und Tadel betrifft. Da aber, streng genommen, das eine Individuum nicht als ethischer Richter des anderen auftreten kann, wenn es auch den Betreffenden bewegen kann, sich selbst zu richten, so wird es insoweit nur die rein dem Innern zugekehrte, die am allermeisten persönliche Seite der Ethik, die hierunter gehört. In sozialer und juristischer Beziehung kann dagegen von einem äusseren Richten die Rede werden, und hier wird es überdies gewöhnlich notwendig sein, für eine der beiden Auffassungen Partei zu ergreifen. Auf das Verhältnis der Ethik zur Soziologie und zur Rechtslehre, das wohl kaum so unzusammengesetzt ist, wie man zuweilen gemeint hat, können wir uns hier aber nicht näher einlassen.

Rufen wir uns indes alles wieder ins Gedächtnis, was im Vorhergehenden über das ethische Betragen, über diejenigen Mächte im Menschen, die dasselbe hervorzurufen suchen, und über die Motive, mittels deren sie wirken, gesagt wurde, so werden wir finden, dass dies alles wirklich unter jeder der beiden Voraussetzungen gültig sein muss. Ob das wollende Ich mechanisch eindeutig auf die gegebenen Motive reagiert oder nicht, davon war dort noch gar keine Rede. Es waren zunächst lauter reine Erfahrungsaussagen, die dort kombiniert wurden, und es gilt überhaupt daran festzuhalten, dass, der Mensch möge im Besitze der fraglichen Freiheit sein oder auch nicht, alle Zeugnisse der Erfahrung dennoch feststehen bleiben. Ebenso unberechtigt, wie die Behauptung des Deterministen von mirakulöser Zusammenhangslosigkeit und dergleichen ist, ebenso unberechtigt würde es sein, wollte der Indeterminist sich den determinierten Menschen als ein Automat denken, das einer einzigen der uns der Erfahrung nach gegebenen menschlichen Eigenschaften ermangelte. Es ist der erste Anstoss, dessen das Automat besonders bedarf. Moralität wurde aber im Vorhergehenden als **geistige Einheit** bestimmt, als Selbstübereinstimmung und mithin als Übereinstimmung mit der Totalität. Nun gibt es ein allgemeines organisches Gesetz, welches uns lehrt, dass das mit der Ganzheit Übereinstimmende besteht, während das der Ganzheit Widerstreitende vergeht. Jener erste Anstoss wird daher kaum ausbleiben. Das ganze Dasein ethisiert sich selbst vielmehr ganz langsam auf mechanische Weise, ebenso wie die Steine am Meeresgestade sich gegenseitig abschleifen.

Steht dies nun aber fest, was wird dann die Antwort auf unsere Hauptfrage?

Nie wird ein Betragen, ein Geschehnis, durch ein Gesetz allein bestimmt. Stets muss sowohl das Gesetz als auch eine Situation, ein Moment des ganzen Geschehnisses gegeben sein, bevor wir ein Resultat erhalten können. Ist es gegeben, dass die Weltkörper dem Newtonschen Anziehungsgesetze gehorchen, so kann ich mich über die Geschwindigkeit des Jupiter, über dessen Richtung und Stand in einem gewissen Augenblicke doch erst äussern, wenn ich den Zustand des ganzen Sonnensystems in einem gewissen andren Augenblicke kenne. Ähnliches gilt auf dem ethischen Gebiete. Erst das ethische Gesetz im Verein mit den gegebenen Situationen bestimmt das ethische Betragen. Hieraus ist zu ersehen, dass es auch auf dem ethischen Gebiete ein **Bleibendes** und ein **Wechselndes** geben muss. Das Hauptgesetz selbst, das Gebot, mit dem Wohl aller Menschen vor Augen zu handeln, muss in demselben Masse bleibend sein wie das allgemeine menschliche Dasein. Erst wenn der Mensch aufhört, Mensch zu sein, kann von einem andren Gesetze oder vielleicht von gar keinem Gesetze die Rede werden. *Spencers* ethiklose Menschenwelt hat wohl nirgends ein Heim.

Der Mensch ist indes nie nur Mensch im allgemeinen, sondern stets Mensch in einer sehr konkreten Lage. Hier können wir nun erst eine Reihe grosser allgemeiner Situationen von verhältnismässig längerer Dauer oder mit fortwährender Widerkehr hervorheben. Unter jeder derselben findet sich wieder eine Mehrheit kürzerer und spezieller Situationen. Endlich löst sich das Leben jedes einzelnen Individuums in eine Mannigfaltigkeit ganz individueller augenblicklicher Situationen auf, die so konkret sind, dass niemals zwei ganz gleiche gefunden werden.

Es wird der Ethik natürlich unmöglich sein, das ethische Gesetz in allen seinen entsprechenden Verzweigungen darzustellen. Die Wissenschaft im eigentlichen Sinne kann sich nur mit dem Allgemeinen von höherer und niederer Ordnung beschäftigen. Ganz wie die Arzneiwissenschaft im rein konkreten einzelnen Falle von der Arzneikunst abgelöst wird, so muss auch die Ethik als Wissenschaft daher zuletzt von der Kunst des Lebenswandels abgelöst werden, und wie der Arzt dem Siechen gegenüber, so muss auch der Mensch den individuellen Situationen gegenüber nach Takt handeln. Wie die Arzneiwissenschaft dieses Nach-Takt-Handeln unterstützt, indem sie die allgemeineren Krankheitsformen beschreibt, so sollte aber auch die Ethik am liebsten das ethische Gesetz durch dessen erste, mehr fundamentale Verzweigungen hindurch bis zu den verhältnismässig noch umfassenden und konstanten Hauptformen des menschlichen Daseins verfolgen. Es entsteht hierdurch neben der **allgemeinen Ethik**, deren Aufgabe es ist, das allgemeine Gesetz für unser Betragen abzuleiten und zu begründen, **eine spezielle Ethik**, die aus dem allgemeinen Gesetze das rechte Handeln in den genannten spezielleren Fällen ableitet. Wie weit man nun mit einem solchen Ausstückeln gehen will, wird natürlich bis zu einem gewissen Grade stets auf dem Gutachten des betreffenden Forschers beruhen. Je weiter man sich aber in das Konkrete hinauswagt, um so mehr wird man selbstverständlich auch Gefahr laufen, wesentliche Momente zu übersehen, und man wird oft gezwungen werden, sich mit Taktschlüssen und Mutmassungen zu begnügen, da die Fragen gar zu kombiniert sind, um sich streng logisch bewältigen zu lassen. Die Wissenschaftlichkeit der Ethik wird deswegen nicht überall die gleiche werden können.

Aus diesem Verhalten des Gesetzes zu den Situationen lässt sich meines Erachtens endlich auch alles herleiten, was man mit Recht von einer **Individualisierung der Ethik** wünschen möchte.[1] Wie die Gesetze der Musik allerdings verlangen, dass jeder Takt die einmal gewählte Dauer behält, dem Tonsetzer jedoch eine gewisse Freiheit gewähren, um den Takt auf weit verschiedene Weise auszufüllen, so erfordert auch das ethische Gesetz an und für sich nicht eine einzige bestimmte Art des Betragens. Man kann Offizier, Prediger, Dichter, Schneider, Schuhmacher u. s. w. sein und dennoch das Höchste und Wesentlichste von allem werden: ein ethi-

---

[1] Vgl. *H. Höffding* · »Ethische Untersuchungen«, letzter Abschnitt.

scher Mensch. In jedem dieser Fälle erhält der Betreffende **seine** speziellen ethischen Aufgaben, seinen Anlagen gemäss modifiziert, insofern die Wahl nach den Veranlagungen und nicht im Streit mit diesen geschehen ist. Treffe ich ohne die geringste künstlerische Anlage die Wahl, ein Künstler zu werden, so werde ich auf die Dauer freilich weder mich selbst noch andre durch meine Tätigkeit erfreuen; dann ist aber eben die Wahl unethisch. Während indes einerseits meine Pflichten in jeder der genannten Situationen durch die Situation mitbestimmt sein werden, muss anderseits doch alles dem allgemeinen ethischen Gesetze unterstellt sein. Eine Offizier- oder Prediger- oder Dichtermoral, die dieses zersprengte, würde ein logisches und ein ethisches Unding zugleich sein. Ausserhalb des rechten Betragens liegt nur das unrechte. Richtig ist es zwar, dass die individuellen Anlagen zum ethischen Betragen verschieden sein können. Darum braucht das ethische Ideal, die schliessliche Forderung, aber nicht in verschiedener Höhe aufgestellt zu werden. Keine ethische Autorität verlangt ja, dass alle zu derselben Stunde gleich weit gekommen sein sollten. Auch fern von dem ethischen Ideale sind ethische Siege zu erringen, und eine Senkung des ethischen Ideals würde, wie bereits (S. 15—17) bemerkt, für die Zukunft verhängnisvoll werden können, wenn man entdeckte, man habe die Höhe zu gering bemessen. Die Ethik darf deshalb weder **Übermenschen** noch **Untermenschen** aufstellen. Dennoch schert sie bei weitem nicht alle über einen Kamm, denn freilich stellt sie allen Menschen dasselbe Ideal, sie hütet sich aber wohl, dem Einzelnen nur nach seiner grösseren oder geringeren Entfernung vom Ideale »Zensur« zu geben. Sie weiss sehr wohl, dass die Ausgangspunkte der Wanderung in sehr verschiedener Ferne vom Ideal gelegen sein können, und dass dem einen eine grössere Last aufgebürdet sein kann als dem anderen. Richtet die Gesellschaft anders, so hat die Ethik daran keine Schuld.

Es scheint also, dass eine allgemeine und allgemeingültige, d. h. eine wissenschaftliche Ethik innerhalb der soeben genannten Grenzen möglich ist. Zugleich hat es sich erwiesen, dass diese in allen grossen und wesentlichen Zügen gerade mit den Vorstellungen des gewöhnlichen Bewusstseins vom Ethischen zusammenfällt.